Automatisiert
Fehler im Text entdecken

Automatisiert Fehler im Text entdecken und korrigieren. Mit praktischen Beispielen und über 90 Abbildungen. Warum die Rechtschreib- und Grammatikprüfung von Word nicht ausreicht.

Klaus Normal

1. Auflage 2019

Automatisiert Fehler im Text entdecken und korrigieren

Einige Anwendungsbeispiele für Texte:

Bachelorarbeit

Bewerbung

Bericht

Biographie

Dokumentation

Gutachten

Hausarbeit

Homepage

Katalog

Präsentation

Promotion

Werbetext

Liebesbrief?

Das Impressum ist bei den Haftungsausschlüssen

Inhaltsverzeichnis

Vorwort

Titel sollten auf dem Cover kurz sein. Der passende Titel besteht meiner Meinung nach aus diesen drei Sätzen.

Automatisiert Fehler im Text entdecken und korrigieren. Mit praktischen Beispielen und über 90 Abbildungen. Warum die Rechtschreib- und Grammatikprüfung von Word nicht ausreicht.

Jeder in diesem Buch vorgestellte Korrekturschritt ist zugleich eine Anregung, nach welchem Fehler man suchen könnte.

Die praktischen Beispiele stammen zu einem großen Teil aus dem Manuskript „Jeder kann ein E-Book erstellen".

Ein grober Leitfaden für dieses Buch

Da das Inhaltsverzeichnis mit über 75 Überschriften sehr feingliedrig ist, biete ich hier einen groben Leitfaden für das Buch an.

Das Buch besteht aus 5 Teilen, die unterschiedlich groß sind.

Teil 1: Warum Sie die empfohlenen Korrekturschritte vor der Beauftragung eines Korrektorats durchführen sollten.

Teil 2: Warum die Rechtschreib- und Grammatikprüfung von Word nicht ausreicht.

Teil 3: Automatisiert Tippfehler und sonstige Fehler im Text mit Word finden und korrigieren.

Teil 4: 14 kostenlose Online-Rechtschreibprüfungen im Test.

Teil 5: Wie viele Fehler sind in einem Text noch zulässig?

Wer auf keinen Fall einen Korrektor beauftragen möchte, kann natürlich Teil 1 überspringen. Ich wollte diese Option aber nicht unerwähnt lassen. Zumal auch Korrektorate keine Fehlerfreiheit garantieren können (siehe Kapitel „Keine Garantie für Fehlerfreiheit“).

Die Bezeichnungen der Teile werden Sie so im Inhaltsverzeichnis nicht finden. Wichtiger als die Deckungsgleichheit zwischen dem groben Leitfaden und dem Inhaltsverzeichnis war es mir, einen leicht verständlichen Leitfaden zu erstellen.

Automatisiert: Fehler im Text finden und korrigieren

Das Gegenteil von automatisiert ist manuell. Manuell bedeutet in diesem Fall, dass man Fehler in einem Text mit den Augen entdeckt. Sie würden dann natürlich nicht die Fehler mit der Hand finden, sondern mit Ihren Augen erkennen. Manuell wäre, wenn man jeden gefundenen Fehler einzeln mit der Maus oder der Tastatur beseitigt. Eine solche mühsame Verfahrensweise kann aber nicht das Ziel sein.

Inwieweit Korrektorate automatisiert nach Fehler suchen, kann ich nicht beurteilen. Da gibt es bestimmt Abweichungen zwischen den einzelnen Korrektoraten. Aber ich kann mir nicht vorstellen, dass Korrektorate nur mit den Augen nach Fehlern im Text suchen. Da Korrektorate auch nach Stunden abrechnen, müsste eigentlich schon in diesen Fällen zu Gunsten der Kunden - so weit wie möglich – eine Fehlersuche automatisiert stattfinden.

Die in diesem Buch beschriebenen Korrekturschritte müssten eigentlich auch den Korrektoraten geläufig sein.

Wen man automatisiert Fehler finden kann und diese sogar ggf. mit einer Massenänderung korrigieren kann, reduziert das den Schreibstress.

Wenn sich viele Fehler automatisiert Fehler finden lassen und ggf. mit einer Massenänderung korrigieren lassen, erhöht das im Vertrauen darauf die Schreibgeschwindigkeit. Man muss sich dann während des Schreibens des Textes nicht ständig darüber Gedanken machen, ob und wie viele Fehler der Text eventuell noch enthält. Die hier vorgeschlagenen Such- und Korrekturschritte benötigen nicht viel Zeit. Wer seine typischen Fehlerarten kennt, braucht natürlich nicht alle vorgeschlagenen Such- und Korrekturschritte durchführen.

Beispiel: Wer nie „dass" mit „ß" schreibt, für den kommt eine Massenumwandlung von „daß" in „dass" nicht in Betracht.

Gute Kenntnisse in Rechtschreibung und in Kommasetzung sind keine Garantie

Im Abitur eine gute Note im Schulfach Deutsch gehabt zu haben, schützt nicht vor Fehlern. Haben Sie diese Erfahrung auch schon gemacht? Insbesondere dann nicht, wenn das Abitur vor der Rechtschreibreform von 2006 war.

Die besten Kenntnisse in Rechtschreibung und Kommasetzung laufen bei Tippfehlern ins Leere. Wenn man diese nicht bemerkt.

Am angenehmsten ist es, wenn ein Programm wie z. B. Word den Verfasser eines Textes auf Fehler hinweist. Doch leider ist die Prüfung der Rechtschreibung und Grammatik nicht perfekt. Das wird in diesem Buch mit zahlreichen Beispielen belegt. Das Wort „Kommasetzung" kommt in der Word-Hilfe nicht explizit vor.

Dennoch kann man mit der Hilfe von Word einige Fehler außerhalb der eigentlichen Prüfung der Rechtschreibung und Grammatik von Word finden und korrigieren.

Ich möchte Word 2013 hier nicht schlecht reden. Die eigentliche Prüfung der Rechtschreibung und Grammatik von Word findet nämlich eine Menge von Fehlern. Aber es ist eine trügerische Sicherheit, zu glauben, dass Word alle Fehler findet.

Ich habe keine Werbung von Microsoft gefunden, die damit wirbt, dass die Word-Versionen 2016 und 2019 eine bessere Prüfung von Rechtschreibung und Grammatik als Word 2013 haben.

Für welche Leser dieses Buch gedacht ist

Jeder der aus beruflichen Gründen Texte schreibt (z. B. Werbetexte) ist bestimmt froh, wenn er möglichst viele Fehler in seinem Text findet. Daneben gibt es noch Berufsgruppen wie Rechtsanwälte, Steuerberater, Unternehmensberater, Redakteure etc., die in der Regel viele Texte verfassen. Dieses Buch ist also nicht nur für Autoren im engeren Sinne geschrieben worden. Wer für private Schreiben den Ehrgeiz entwickelt, möglichst wenig Fehler in seinem Text zu haben, ist mit diesem Buch auch gut bedient.

Sie haben Ihre persönlichen Kenntnisse eingesetzt und die in diesem Buch vorgeschlagenen Korrekturschritte durchgeführt. Damit haben Sie alle Register gezogen. Ihr Text muss nicht fehlerfrei sein (siehe Kapitel „Wie viele Fehler noch zulässig sind“).

Sie können es sich natürlich einfach machen und einen Korrektor beauftragen (siehe Kapitel „Ein Korrektorat bzw. einen Korrektor beauftragen“).

Dabei kann schon hier darauf hinweisen, dass so gut wie jedes Korrektorat den Preis auch von dem Korrekturaufwand abhängig macht. Gelingt es Ihnen also mit Hilfe des Buches, die Anzahl der Fehler zu verringern, so können Sie dadurch einen Preisaufschlag vom Korrektorat vermeiden. Im besten Fall können Sie sogar wegen Ihrer Vorprüfungen einen Preisnachlass verhandeln. Oder Sie fühlen sich anschließend so sicher, dass Sie kein Korrektorat beauftragen. Dann hätten Sie noch mehr Geld eingespart. Die Entscheidung, ob Sie ein Korrektorat beauftragen oder nicht beauftragen, kann Ihnen dieses Buch nicht abnehmen. Aber ich bin mir sicher, dass sich die Anzahl der Fehler bei Durchführung der hier vorgeschlagenen Korrekturschritte verringert.

Nun gut, ein Liebesbrief wird wohl eher handschriftlich verfasst?

Das Buch benutzt bei Wörtern im Zweifelsfall die maskuline Form.

Beispiele: Korrektor, Verfasser

Ich bitte um Verständnis, dass ich die Korrektheit der besseren Lesbarkeit opfere.

Ich wünsche Ihnen viel Erfolg beim automatisierten Finden von Fehlern und der anschließenden Korrektur.

Die Bedeutung des Dudens für die Rechtschreibprüfung

Die Bedeutung des Dudens lässt sich am besten dadurch erklären, dass einige Korrektoren auf Ihren Webpages explizit darauf hinweisen, dass Sie den Duden für die Suche nach Fehlern im Text benutzen.

Hier einige Beispiele bzw. Zitate von Webseiten von Korrektoraten:

Wir richten uns nach den aktuellen Duden-Empfehlungen.

Korrektur nach der aktuellen 25. Auflage des Duden (2009)

Korrigieren nach Duden

Prinzipiell basiert die Textbearbeitung auf dem aktuellen Duden-Regelwerk.

Sie wollen, dass die Anwendung der aktuellen Duden-Regeln ein Profi für Sie übernimmt?

Basis meiner Lektorats- und Korrektoratsarbeiten …sind die amtlichen Regeln der deutschen Rechtschreibung, auf denen auch der Duden basiert.

Die Textkorrektur erfolgt selbstverständlich nach den aktuellen Maßstäben der deutschen Rechtschreibung laut Duden.

Grundlage sind die Rechtschreibregeln des Duden in der aktuellen Fassung. Bei mehreren möglichen vom Duden lizensierten Schreibweisen wird durchgängig die vom Duden bevorzugte Variante gewählt.

Das Korrektorat umfasst eine DUDEN-konforme Prüfung der Orthografie, Grammatik und Interpunktion. Hierbei halte ich mich, soweit nicht anders vereinbart, an die Korrekturempfehlungen der neusten Ausgabe des DUDEN.

Die Korrektur erfolgt auf der Grundlage von Duden.

Das Korrektorat überprüft Ihre Texte im Hinblick auf Orthografie, Interpunktion und Grammatik entsprechend Duden Bd. 1 „Die deutsche Rechtschreibung“ (derzeit 27. Aufl .).

Auf die Quellenangaben habe ich hier verzichtet, da ich neutral bleiben möchte.

Die Zitate zeigen, dass der Duden auch für die Korrektorate alternativlos ist. Was sonst sollen Korrektorate im Zweifelsfall benutzen?

An dieser Stelle möchte ich nicht verschweigen, dass es das Programm „Papyrus Autor“ gibt, das einen Duden Korrektor enthält. Allerdings kostet das Programm zurzeit 179 Euro (für Schüler und Studenten 149 Euro). Zuviel für einen mit Word geschriebenen Liebesbrief?

In den Papyrus Autor Lizenzbedingungen wird übrigens eine gewisse Online-Anwesenheit verlangt.

Die Überprüfung Ihrer Seriennummer kann auch Zeiträume von bis zu vier Wochen ausgesetzt sein, so dass selbst ein längerer Urlaub ohne Online-Zugang problemlos machbar ist.

Sollten Sie dennoch aus triftigem Grund einen dauerhaften Offline-Betrieb benötigen, so können wir in besonderen Ausnahmefällen das Programmverhalten entsprechend ändern - hierfür ist allerdings eine eindeutige Identifikation Ihrer Person nötig (z.B. persönlich auf Messen oder durch Übersendung einer Ausweiskopie oder Meldebestätigung).

Für die wenigen Anwender, die mal länger als 4 Wochen offline sind, ist diese Klausel bestimmt überraschend.

Ein Korrektorat bzw. einen Korrektor beauftragen

Diese Möglichkeit wollte ich in diesem Buch nicht unerwähnt lassen. Damit Sie diese Option mit Hilfe dieses Buches durchprüfen können. Ferner werden auch die Korrektoren automatisiert Fehler im Text entdecken. Schließlich spielt der Zeitfaktor auch bei den Korrektoren eine Rolle.

Selbst wenn Sie einen Korrektor beauftragen sollten, gibt es von mir eine klare und begründete Empfehlung, dass Sie vor der Einschaltung eines Korrektors selbst die Anzahl der Fehler im Text reduzieren (siehe Kapitel „Ihre Vorprüfungen können die Kosten für das Korrektorat verringern“).

Kosten für ein Korrektorat bzw. für einen Korrektor

Hier einige Beispiele bzw. Zitate gefunden auf Webseiten von Korrektoraten (Preise in der Regel zzgl. 19 % Umsatzsteuer):

1,90 Euro pro Seite, Basiskorrektorat (Normseite nach VG Wort mit 1.500 Zeichen inkl. Leerzeichen und Fußnoten)

1,90 bis 3,50 Euro pro Seite, einfaches Korrektorat (Normseite nach VG Wort mit 1500 Zeichen inklusive Leerzeichen)

2,00 Euro pro Seite (Normseite mit 1.800 Zeichen)

2,50 Euro pro Seite (Normseite mit 1.500 Zeichen)

ab 2,80 Euro pro Seite (Normseite mit 1.600 Zeichen)

2,85 Euro pro Seite (Normseite mit 1.600 Zeichen inkl. Leerzeichen und Fußnoten)

2,50–4,00 Euro (Normseite mit 1650 Zeichen inklusive Leerzeichen)

3 Euro pro Seite (Normseite mit 1500 Zeichen ohne Leerzeichen)

Ab Euro 3,50 pro Seite (Normseite mit 1800 Anschlägen inkl. Leerzeichen)

ab Euro 3,80 pro Seite (Normseite mit 1600 Anschlägen inkl. Leerzeichen)

5,00 Euro pro Normseite (was eine Normseite ist, wird nicht erklärt)

Ab 5,00 Euro pro Seite (Normseite 1600 Zeichen, einschließlich Leerzeichen)

5,00 bis 8,00 Euro pro Seite (Normseite mit 1650 Anschlägen inkl. Leerzeichen)

6 Euro pro Seite (Normseite mit 1800 Zeichen inkl. Leerzeichen)

Ab 6 Euro pro Seite (Standardseite 1.500 Zeichen inkl. Leerzeichen, Fußnoten und Bild-/Grafikbeschriftung)

Der folgende Text ist veraltet, da der Verband der freien Lektorinnen und Lektoren (bei dem auch Korrektoren Mitglieder sind), keine Empfehlungen für Preise mehr abgibt.

Die Preise für unsere Leistungen orientieren sich an den Empfehlungen des Verbandes der freien Lektorinnen und Lektoren (VFLL).

Um neutral zu bleiben, habe ich oben bei den Zitaten die Quellenangaben weggelassen.

Bei einem Telefonat mit dem Verband der Freien Lektorinnen und Lektoren (VFLL) teilte man mir unverbindlich mit, dass die Preise für eine Normseite Korrekturart zwischen 2 und 7 Euro liegen. Das deckt sich weitestgehend mit meiner Stichprobe oben.

Viele Korrektorate verlangen übrigens einen Mindestbetrag in Euro.

Beispiel:

35 Euro Mindestbetrag – Es spielt dann keine Rolle, ob eine Seite oder z. B. 5 Seiten Korrektur gelesen werden müssen.

Ob diese Preise angemessen oder nicht angemessen sind, da will und kann ich mir kein Urteil erlauben. Aber auf jeden Fall sind die Preise – und damit aus Ihrer Sicht die Kosten – so hoch, dass es sich schon lohnt, zu überlegen, ob man es (erstmal) ohne Korrektorat probiert.

Informationen zur Normseite

Aufgeklärt: Fünf Missverständnisse über die Normseite und eine Bonusfrage

https://www.literaturcafe.de/aufgeklaert-fuenf-missverstaendnisse-ueber-die-normseite/

Dort steht am 22. Februar 2012 geschrieben:

Es ist nicht mehr zwingend erforderlich, sein Manuskript ins Normseitenformat umzuwandeln, denn der Lektor kann die Datei umformatieren wie es ihm oder ihr beliebt – sofern es keine PDF-Datei ist.

Selbst wenn Ihr Text im Spezialfall ein Manuskript sein sollte, brauchen Sie sich also als Verfasser nicht mit dem Thema Normseite beschäftigen. Lassen Sie das Korrektorat die Umwandlung vornehmen. Das wird Ihnen dann die Seitenzahl nennen. Möchten Sie aber die Anzahl der Normseiten selber ermitteln, gibt es von literaturcafe.de hier einen Tipp wie man das machen kann.

https://www.literaturcafe.de/text-in-normseite-umwandeln/

Ihre Vorprüfungen können die Kosten für das Korrektorat verringern

Vielleicht lässt sich ein niedriger Preis vereinbaren, wenn Sie die in diesem Buch aufgelisteten Prüfungsschritte teilweise oder alle durchgeführt haben. Der Korrektor muss natürlich trotzdem Ihren Text vollständig durchlesen. Aber er muss dann nicht mehr so oft einschreiten und weniger Fehler mit Ihnen besprechen.

Hier einige Beispiele bzw. Zitate von Webseiten von Korrektoraten, dass die Anzahl der Fehler in einem Text einen Einfluss auf den Preis für das Korrekturlesen haben kann.

Die Preise gelten für eine durchschnittliche Fehlerquote. Bei erhöhter Fehlerzahl oder nicht ausformulierten Texten erhöhen sich die Angaben entsprechend des Aufwands.

Die Preisgestaltung orientiert sich immer an dem voraussichtlich zu erwartenden konkreten Korrekturaufwand. Jede Arbeit ist individuell und unterschiedlich korrekturbedürftig.

20 % Aufschlag bei einer Fehlerquote von über 10 Fehlern pro Normseite.

Auch Word sträubt sich etwas gegen zu viele Rechtschreib- und Grammatikfehler.

Falls der Text zu klein zum Lesen sein sollte, hier etwas abgekürzter der Text in einem größeren Format:

Zu viele Rechtschreib- und Grammatikfehler im Objekt „XY“, die nicht vollständig angezeigt werden können. Wählen Sie „Rechtschreibung und Grammatik“ auf der Registerkarte „Überprüfen“ aus, um das Dokument zu überprüfen.

Unterschied zwischen Korrektorat und Lektorat

Anstatt nun auf irgendeine wissenschaftliche Definition zurückzugreifen, zitiere ich lieber einen Praktiker, der sowohl Korrektorat als auch Lektorat anbietet.

Korrektorat: Ausführliches Korrekturlesen mit sorgfältiger Korrektur von Rechtschreibung, Grammatik und Zeichensetzung

Lektorat: Optimierung Ihrer Texte hinsichtlich Sprache, Schreibstil, Logik und Lesbarkeit. In einem Lektorat ist ein Korrektorat inbegriffen

Wie Sie lesen können, ist hier in dem Lektorat das Korrektorat inbegriffen. Damit ist auch verständlich, dass die Dienstleistung Lektorat mehr kostet als (nur) die Dienstleistung Korrektorat.

Derjenige, der 3 Euro pro Seite für Korrekturlesen verlangt, fordert für die umfassende Prüfung des Textes 5 Euro pro Seite.

Insgesamt ist es schwierig Preise für ein Lektorat zu finden. Viele schreiben auf Ihrer Webpage sinngemäß „Es kommt darauf an...“. Das bringt Interessenten an dieser Dienstleistung nicht wirklich weiter.

Hier mal ein positives Beispiel für die Preisangabe eines Lektorats:

Das Lektorat eines Manuskripts von 200 Normseiten (1500 Zeichen/Seite) kann beispielsweise zwischen 1300 und 2000 Euro zzgl. MwSt. kosten.

Die Suche nach einem Korrektor

Wer einen Korrektor sucht, googelt entweder oder kann den Korrektor über http://www.lektorat.de/Korrektorat oder über https://www.lektoren.de/ suchen.

In dem Feld „Welche Leistung möchten Sie anfragen" wählen Sie dort „Korrigieren'" aus.

Keine Garantie für Fehlerfreiheit

Ich habe keinen Korrektor (kein Korrektorat) gefunden, der auf seiner Webpage oder in seinen allgemeinen Geschäftsbedingungen nach erfolgter Korrekturarbeit einen fehlerfreien Text garantiert.

Vielmehr wird auf den Webpages oder in den allgemeinen Geschäftsbedingungen oft darauf hingewiesen, dass eben keine Fehlerfreiheit garantiert wird.

Webpages von Korrektoraten – keine Garantie für Fehlerfreiheit

Hier einige Beispiele bzw. Zitate, gefunden auf den Webpages von Korrektoraten:

Doch selbst der gründlichste Korrektor kann eine völlige Fehlerfreiheit nicht garantieren.

Einen Anspruch auf das illusorische Ideal völliger Fehlerfreiheit in Schriftstücken gibt es nicht.

Der Auftraggeber erkennt an, dass es keine Garantie für absolute Fehlerfreiheit geben kann.

Um neutral zu bleiben, lasse ich hier die Quellenangaben weg.

Allgemeine Geschäftsbedingungen von Korrektoraten – keine Garantie

Auch hier einige Beispiele bzw. Zitate, gefunden in den allgemeinen Geschäftsbedingungen von Korrektoraten.

Unbesehen davon gilt die Leistung des Lektorates auch dann noch als erfolgreich erbracht,wenn nach Abschluss der Lektoratsarbeiten noch verbliebene Fehler nachweisbar sind.

Der Auftraggeber erkennt ausdrücklich an, dass eine hohe Fehlermenge im Ausgangstext (mehr als 10 pro Seite) das Erreichen dieses Ziels beeinträchtigen kann. In diesem Falle gilt das Korrektorat als abgeschlossen, wenn 95 Prozent der Fehler berichtigt wurden. Es gilt grundsätzlich eine (marktübliche) maximale Fehlertoleranz von einem Fehler auf vier Seiten.

Unbesehen davon gilt die Leistung des Korrektorates/ Lektorates auch dann noch als erfolgreich erbracht, wenn nach Abschluss der Korrekturen/Lektoratsarbeiten durchschnittlich nicht mehr als 2 Fehler (Rechtschreibung, Zeichensetzung und Grammatik) auf vier Seiten nachweisbar sind

Für die Schreibung von nicht im Duden-Fremdwörterbuch verzeichneter Fachbegriffe kann keine Gewähr übernommen werden.

Um neutral zu bleiben, habe ich die Quellenangaben oben weggelassen.

BoD – Autorenpool:

Einige Anbieter haben in ihren AGB definiert welche Fehlertoleranz hingenommen werden muss z.B. "gilt die Leistung des Korrektorates auch dann noch als erfolgreich erbracht, wenn nach Abschluss der Korrekturen durchschnittlich nicht mehr als ein Fehler (Rechtschreibung, Zeichensetzung und Grammatik) auf vier Seiten nachweisbar ist".

Die Gesetzes- und Rechtslage bei einem Vertrag mit einem Korrektorat

Da ich kein Rechtsanwalt bin, kann es sich nicht bei den folgenden Ausführungen um Rechtsberatung handeln. Bei konkreten, juristischen Problemen mit einem Korrektorat könnten Sie daher nicht auf dieses Buch verweisen.

Weist das Korrektorat auf seiner Webpage keine allgemeinen Geschäftsbedingungen aus – was relativ oft der Fall ist – dann gilt hinsichtlich der möglichen Garantie für Fehlerfreiheit das Bürgerliche Gesetzbuch (BGB). Es sei denn, das Korrektorat hat beim Vertragsabschluss doch noch allgemeine Geschäftsbedingungen in der Hinterhand.

Der Kunde des Korrektorats ist mit oder ohne AGB ein Auftraggeber (siehe auch oben) und zwar im Rahmen eines Dienstvertrages und eines Geschäftsbesorgungsvertrages.

Hier als Beispiel ein Text von der Webpage eines Korrektorats:

Ergänzend zu diesen AGB und des konkreten Auftrags gelten die Vorschriften des Dienstvertrages (§§ 611 ff BGB) und des Geschäftsbesorgungsvertrages (§ 675 BGB).

Für die Korrektorate ist es vorteilhaft, wenn der mit dem Kunden abgeschlossen Vertrag als Dienstvertrag eingestuft wird.

Nach § 611 BGB muss das Korrektorat nur die versprochenen Dienste leisten. Verspricht das Korrektorat Ihnen nicht, dass es alle Fehler im Text findet, hat das Korrektorat mit den gefundenen und korrigierten Fehlern seine Arbeit erstmal ordnungsgemäß verrichtet.

Ist Ihnen die Anzahl der nicht gefundenen Fehler zu hoch, dann könnten Sie daran denken, nach § 634 Nr. 1 BGB Nachbesserung zu verlangen.

Das setzt aber logisch voraus, dass Sie die Fehler finden, die das Korrektorat nicht gefunden hat. Das kann natürlich möglich sein, wenn Sie nach Beendigung der Arbeit des Korrektorates, die in diesem Buch besprochenen Prüfungsschritte durchführen.

Aber es ergibt doch mehr Sinn, wenn Sie persönlich vor der Beauftragung des Korrektorates so viele Fehler wie möglich selbst finden? Indem Sie z. B. die in diesem Buch besprochenen Prüfungsschritte durchführen.

Zumal sich bei dieser Vorgehensweise die Möglichkeit eröffnet, dass Sie dann weniger für das Korrekturlesen zu bezahlen haben (siehe Kapitel „Ihre Vorprüfungen können die Kosten für das Korrektorat verringern“).

Macht eine Nachbesserung keinen Sinn, weil z. B. der Text bereits veröffentlicht worden ist, können Sie eine Minderung verlangen. Haben Sie bereits den Korrektor bezahlt, würde das zu einer teilweisen Rückerstattung führen. Haben Sie den Korrektor noch nicht bezahlt, dann zahlen Sie dementsprechend weniger.

Das hört sich einfach, aber nach § 638 III BGB ist der Minderungsbetrag im Zweifelsfall zu schätzen. Sie schätzen 10 % Minderung, der Einzelrichter schätzt 8 % Minderung. Dann hatten sie einen Riesenaufwand für 8 % Minderung. Zudem müssen Sie erstmal einen Rechtsanwalt finden, der so einen kleinen Fall überhaupt annimmt.

Hinzu kommt noch, dass selbst in Großkommentaren zum BGB wie dem Münchener Kommentar oder Soergel zu den Stichworten „Korrektor“ und „Korrektorat“ keine Rechtsprechungshinweise zu finden sind.

Der Anwalt wird Ihnen im Zweifelsfall einen außergerichtlichen Vergleich vorschlagen. Erstens muss er dann nicht so viel arbeiten und zweitens kann er sich dann als gewiefter Verhandler profilieren. Zum Schluss hören Sie dann eventuell noch den Satz „Ich habe das Äußerste für Sie rausgeholt. Mehr hätten Sie auch nicht vom Gericht zugesprochen bekommen.“

Die Gerichte sind hoffnungslos überlastet. Das Amtsgericht ist in der Regel für Streitigkeiten bis 5.000 Euro zuständig (§ 23 Nr. 1 GVG). Sie können daher davon ausgehen, dass ein Rechtsstreit mit einem Korrektor wahrscheinlich vor der untersten Instanz, dem Amtsgericht, ausgetragen wird.

Der Richter wird Ihnen dort voraussichtlich einen gerichtlichen Vergleich vorschlagen, da er dann kein Urteil schreiben muss. Gerichtlicher Vergleich bedeutet, dass Sie sich gewissermaßen mit dem Korrektor auf dem Basar treffen. Sie feilschen dann mit ihm um den Betrag der Minderung.

Da ist es wirklich zeitsparender, wenn Sie die hier im Buch beschriebenen Prüfungsschritte durchführen.

Warum eine Fehlerfreiheit vom Korrektorat faktisch nicht garantiert werden kann

Eine Fehlerfreiheit ist faktisch nicht möglich, da Sprache keine Mathematik ist.

Sprache ist keine Mathematik:

- Der Duden lässt in vielen Fällen alternative Schreibweisen zu.
- Es werden Wörter verwendet, die es im Duden nicht gibt. In diesen Fällen scheidet der Duden als Richter aus, der über die korrekte Rechtschreibung entscheidet.
- Bei der Kommasetzung gibt es Wahlrechte. Das bedeutet, dass man frei entscheiden kann, ob ein Komma gesetzt wird oder nicht gesetzt wird.
- Kommata werden teilweise je nach Betonung gesetzt oder nicht gesetzt
- Es fehlt an einer klaren Regel, in welchen Fällen Verben zusammengeschrieben werden und in welchen Fällen Verbteile abzutrennen sind (z. B. hinzukommen)
- etc.

Wenn also noch nicht mal die Korrektoren eine Garantie für Fehlerfreiheit abgeben können, dann kann man das von Online-Rechtschreibprüfungen, Korrekturprogrammen etc. auch nicht verlangen.

Auch dieses Buch hat wahrscheinlich keine Fehlerquote von null Prozent. Aber Sie können sich beim Lesen dieses Buches ein Bild machen, wie viele Fehler nach Durchlauf der verschiedenen Prüfungsschritte (siehe unten) noch übriggeblieben sind. Ein Korrektorat habe ich nicht beauftragt. Falls Fehler in diesem Buch vorhanden sind, stellt sich die Frage, ob die Anzahl der Fehler sich noch in einem vernünftigen Rahmen bewegt (siehe Kapitel „Wie viele Fehler sind in einem Text noch zulässig?“) und somit noch tolerierbar ist.

Rechtschreibfehler im Text mit Word finden und korrigieren

Es geht hier um Word 2013. Ob die nachfolgenden Versionen von Word ein besseres Wörterbuch haben, ist mir nicht bekannt. Gegen diese Annahme spricht auch, dass Office 2013 bei mir immer noch von Microsoft aktualisiert wird.

Ob ein Fehler ein Rechtschreibfehler oder ein Tippfehler ist, kann in vielen Fällen nur der Ersteller des Textes entscheiden.

Damit Sie nicht Seite für Seite auf der Suche nach Fehlern durchgehen müssen, klicken Sie in Word auf der Registerkarte „Überprüfen" auf die Schaltfläche „Rechtschreibung und Grammatik.

Anschließend ist dann auf der rechten Seite bei Word das Folgende zu sehen.

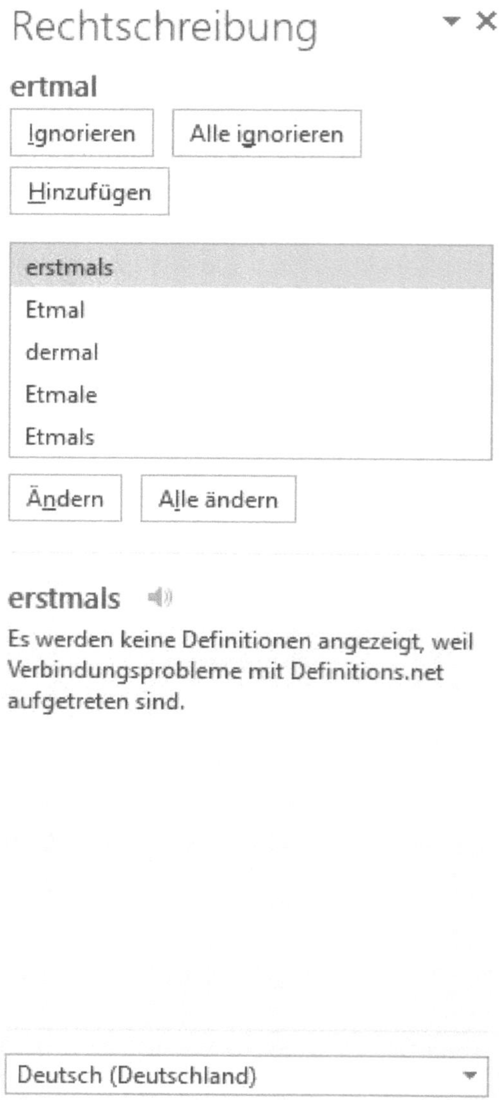

Die Maske oben bedeutet, dass Word im Text diesen Rechtschreibfehler gefunden.

Wer·sich·zudem·für·die·weiteren·Einstellungsmöglichkeiten·von·Jutoh·(ertmal)·nicht·interessiert,·

Zu dem nächsten von Word gemeldeten Fehler gelangen Sie, indem Sie auf „Ignorieren“ oder auf „Hinzufügen“ oder auf „Ändern“ klicken. So werden nacheinander die Fehler angezeigt und können somit nacheinander korrigiert werden.

Die Voreinstellungen von Word für Rechtschreibung und Grammatik

Nach Benutzung der Menüfolge „**Datei-Optionen**“ klicken Sie auf „**Dokumentprüfung**“.

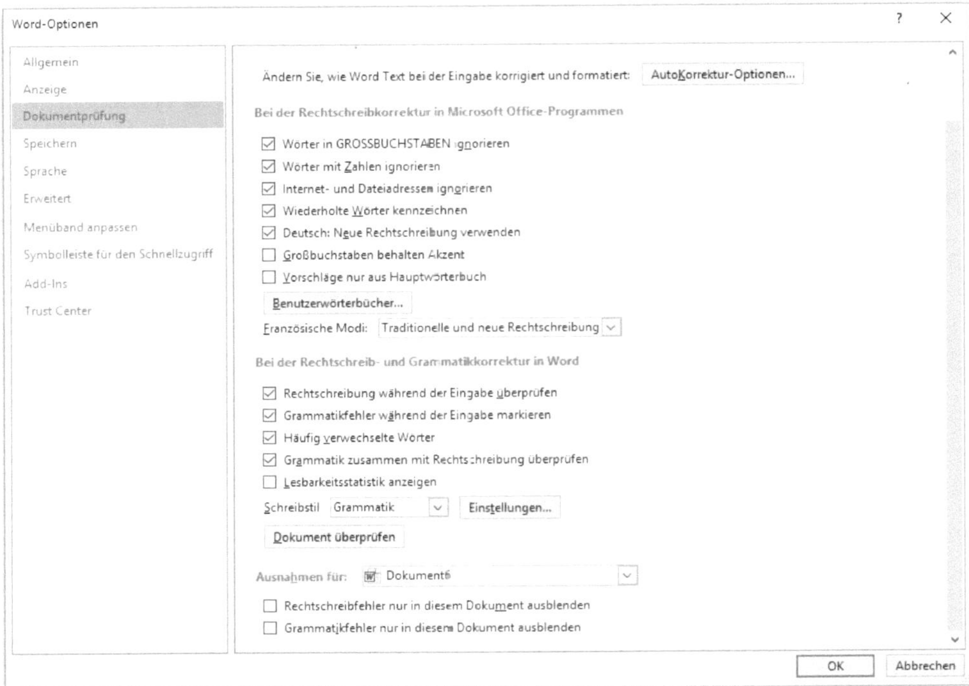

Hier sehen Sie die Voreinstellungen von Word für Rechtschreibung und Grammatik und einige Gestaltungsmöglichkeiten.

Warum die Rechtschreib- und Grammatikprüfung von Word nicht ausreicht

Ich hätte an dieser Stelle eine Liste von Fehlern anbieten können, die die Rechtschreib- und Grammatikprüfung von Word nicht findet.

Aber ich denke, es für die Leser hilfreicher, wenn zugleich mit der unterlassenen Fehlermeldung auf eine Quelle hingewiesen wird, die den Fehler meldet. Zumal es in diesem Buch darum geht, wie man Fehler im Text automatisiert finden und im besten Fall per Massenänderung korrigieren kann.

Da sind bloße Hinweise auf unterlassene Fehlermeldungen zu wenig.

Bei „online-spellcheck.com" können Sie kostenlos testen, ob statt Word „online-spellcheck.com" einen Fehler meldet.

Daher verweise ich an dieser Stelle auf die folgenden Kapitel.

- Wörter, vor denen fast immer ein Komma steht
- Von online-spellcheck.com gefundene Fehler, die Word nicht entdeckt hatte(Beispiele)

Word kennt diese Wörter nicht

In den oben genannten Kapiteln werden keine Wörter erwähnt, die Word nicht kennt. D. h. Word meldet bei diesen Wörtern einen Fehler (rot unterkringelt), weil Word diese Wörter nicht kennt. Das bedeutet ferner, dass das Wörterbuch von Word kleiner ist als das Wörterbuch vom Duden.

Hier eine kleine Liste mit Beispielen:

Aggregator

darüberliegenden

Sexroman

eine Menge *undotierter* Literaturpreise

Verhandler

verkaufbar

Zahnpastatube

Auch wenn Sie diese Wörter in Ihrem Text oder in Ihren Texten nicht verwenden, so bleibt als Kernbotschaft erhalten, dass das Wörterbuch von Word nicht alle Wörter des Dudens kennt.

Auch wenn die Rechtschreib- und Grammatikprüfung von Word nicht perfekt ist, meldet Word viele Fehler. Wer (erstmal) nicht automatisiert nach Fehler suchen will, sollte in Word unten rechts den Zoomfaktor vergrößern (z. B. auf 230 %). So lassen sich Fehler leichter mit den Augen erkennen.

Tippfehler im Text mit Word finden und korrigieren

Tippfehler sind für mich Fehler, die dadurch zustande gekommen sind, dass man aus Versehen eine falsche Taste beim Schreiben gewählt hat. Wobei ich das sehr großzügig interpretiert habe.

Beispiel: Statt den Satz mit einem Punkt abzuschließen, wird der Satz mit einem Bindestrich abgeschlossen. In diesem Fall unterstelle ich, dass aus Versehen, die falsche Taste gedrückt worden ist.

Ob diese Definition einer wissenschaftlichen Diskussion standhält oder nicht standhält, ist im Rahmen dieses Buches von untergeordneter Bedeutung.

In diesem Buch geht es darum Fehler zu finden und zu korrigieren. Ist der Fehler korrigiert, ist es im Rahmen dieses Buches von untergeordneter Bedeutung, welcher Art der Fehler war.

Die Maske „Suchen und Ersetzen“ in Word

Obwohl Word nicht alle Tippfehler anzeigt, kann man mit der Maske „Suchen und Ersetzen“ in Word viele Tippfehler finden und korrigieren.

Daher jetzt einige grundsätzliche Erklärungen zu dieser Maske, damit nicht bei jedem Korrekturschritt neu erklärt werden muss. Bei jedem Korrekturschritt wird dann nur noch erklärt und gezeigt, wie die Maske „Suchen und Ersetzen“ auszusehen hat, um die Fehler per Massenänderung zu korrigieren.

Welche Korrekturschritte Sie durchführen, entscheiden natürlich Sie. Falls Sie wissen, zu welchen Tippfehlern Sie neigen, würde Ihnen die Entscheidung leichter fallen, welche Korrekturschritte Sie benutzen.

Falls Sie vorhaben sollten, mehrere Texte zu schreiben, notieren Sie sich am besten die Tippfehler vom ersten Text. Somit können Sie sich diese Tippfehler vor dem Schreiben des zweiten Textes in Erinnerung rufen, um diese Tippfehler beim Schreiben des zweiten Textes zu vermeiden.

Der Weg zur Maske „Erweiterte Suche“ in Word

Für diejenigen, die mit der Maske „Suchen und Ersetzen“ in Word noch nicht so vertraut sind, hier ist der Weg zur Maske „Erweiterte Suche“ in Word.

Ich wähle oben links den Menüpunkt „Erweiterte Suche“ aus.

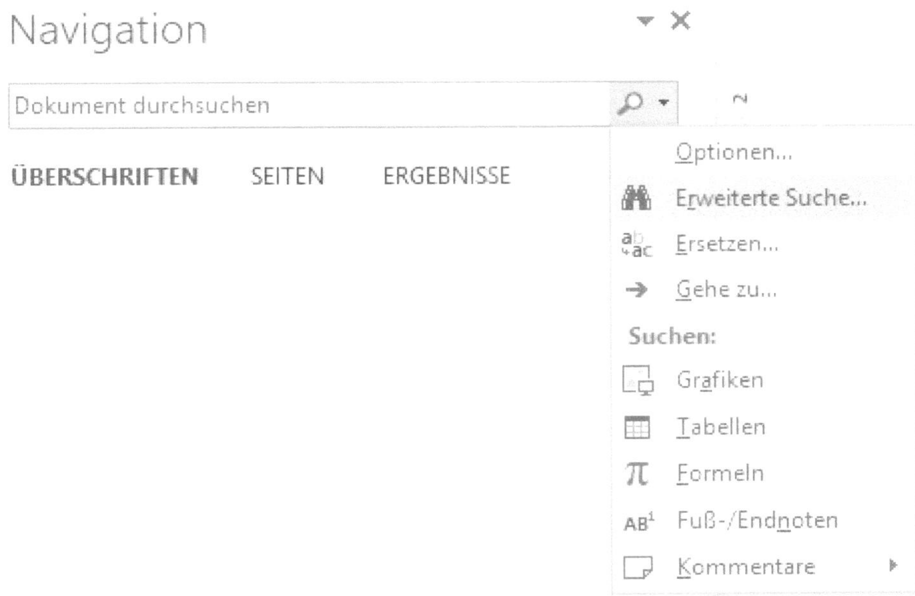

Anschließend bietet Word mir auf der Maske „Suchen und Ersetzen“ die Registerkarte „Suchen“ an.

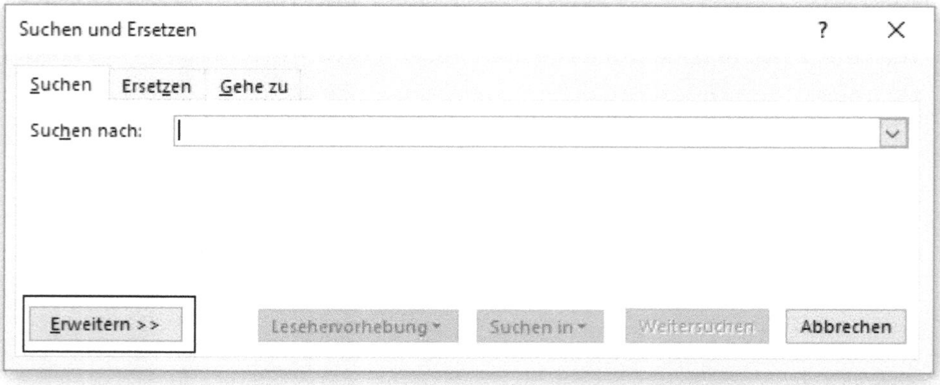

Ich klicke auf den Button „Erweitern“. Wie Sie sehen, wird dadurch in der Tat diese Maske erweitert.

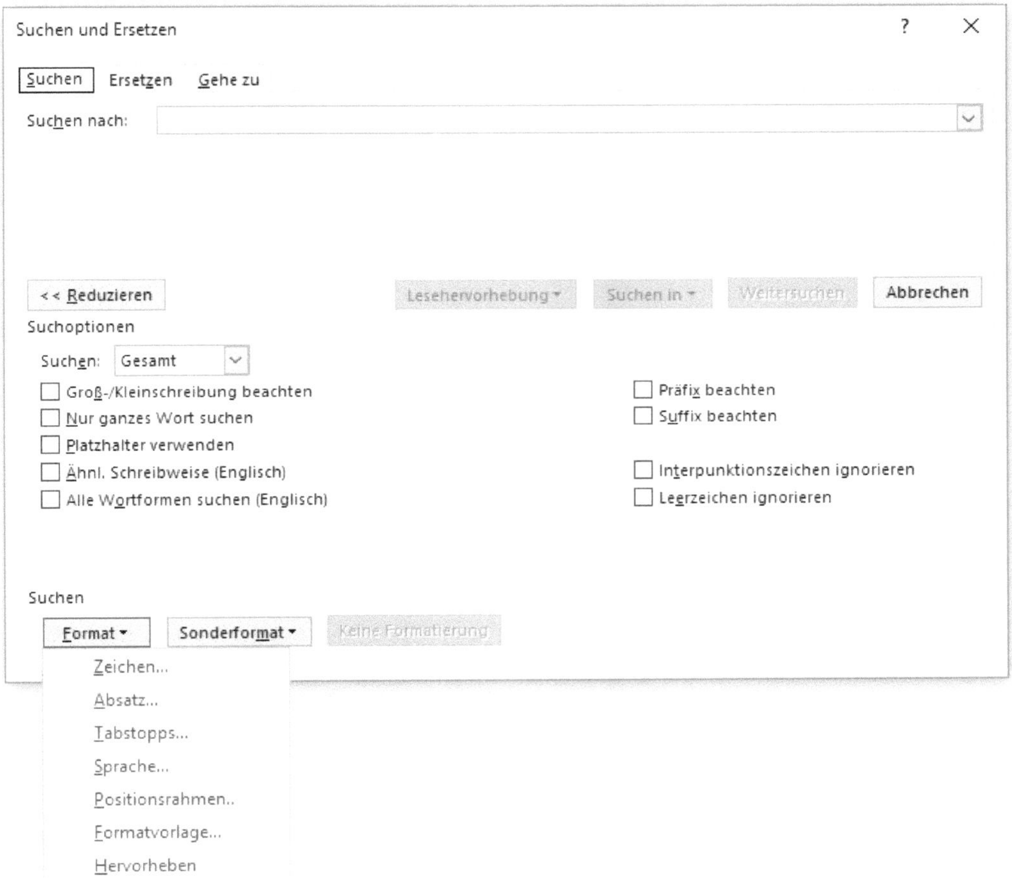

Wie Sie sehen, hat die erweiterte Suche den Vorteil, dass Sie unter anderem zusätzlich noch nach bestimmten Formaten und bestimmten Sonderformaten suchen können.

Wer gerne Tastenkombinationen benutzt, gelangt hier mit gleichzeitigem Drücken der Tasten „Strg“ und „F“ zum Ziel.

Der Weg zur Maske „Ersetzen“ in Word

Für diejenigen, die mit der Maske „Suchen und Ersetzen“, in Word noch nicht so vertraut sind, hier der Weg zur Maske „Ersetzen“ in Word.

Sind Sie bereits auf der Registerkarte „Suchen“, klicken Sie in der Maske „Suchen und Ersetzen“ einfach auf die Registerkarte „Ersetzen“.

Falls Sie noch nicht die Registerkarte „Ersetzten“ ausgewählt haben sollten, können Sie diesen Weg gehen.

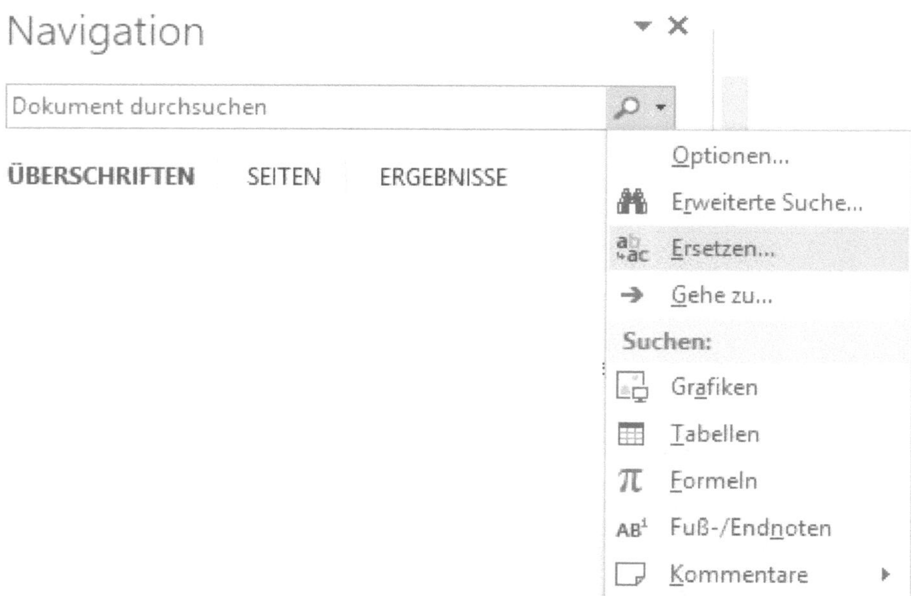

In beiden Fällen gelangen Sie zur Registerkarte „Ersetzen“.

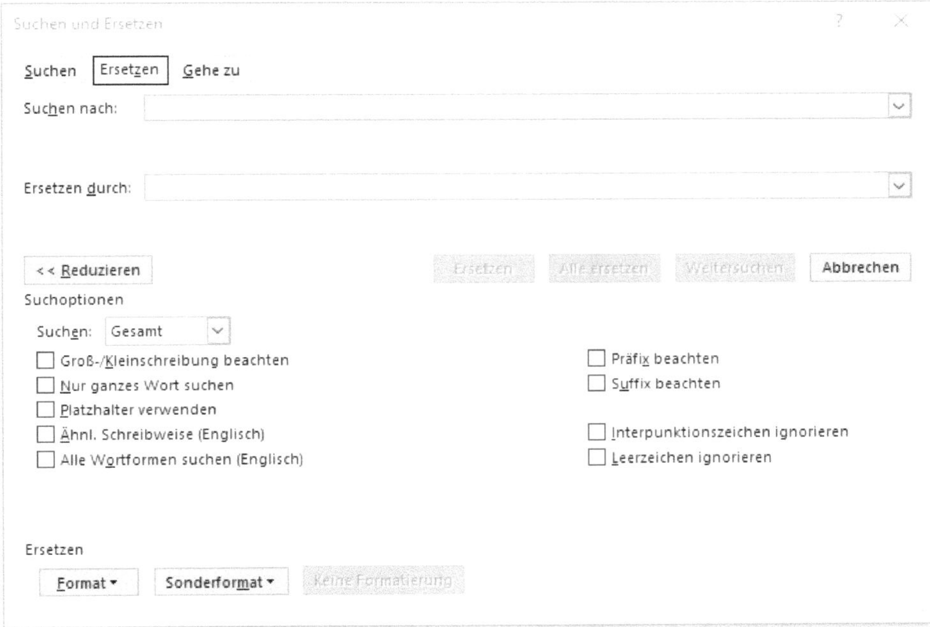

Die Registerkarte „Ersetzen“ sieht dann so aus, wenn Sie vorher auf den Button „Erweitern >>“ geklickt haben (siehe oben).

Wer gerne Tastenkombinationen benutzt, gelangt hier mit gleichzeitigem Drücken der Tasten „Strg“ und „H“ zum Ziel.

Die Vorgehensweise bei den Masken „Suchen“ und „Ersetzen“ in Word

Die folgenden Ausführungen gelten für alle Korrekturschritte bei denen die Maske „Suchen und Ersetze“ eingesetzt wird.

Bei Anwendung der Masken „Suchen“ und „Ersetzen“ sollte der Cursor immer oben am Textanfang stehen. Steht der Cursor irgendwo mitten im Text, besteht das Risiko, dass nur unterhalb des Cursors (erstmal) korrigiert wird.

Mit der Funktion „Suchen“ können Sie nach Fehlern suchen. Vorher würde ich mir die Anzahl der Fehler in der Maske „Suchen“ anzeigen lassen.

Beispiel: Sie suchen nach Überschriften der ersten Überschriftenebene in Word.

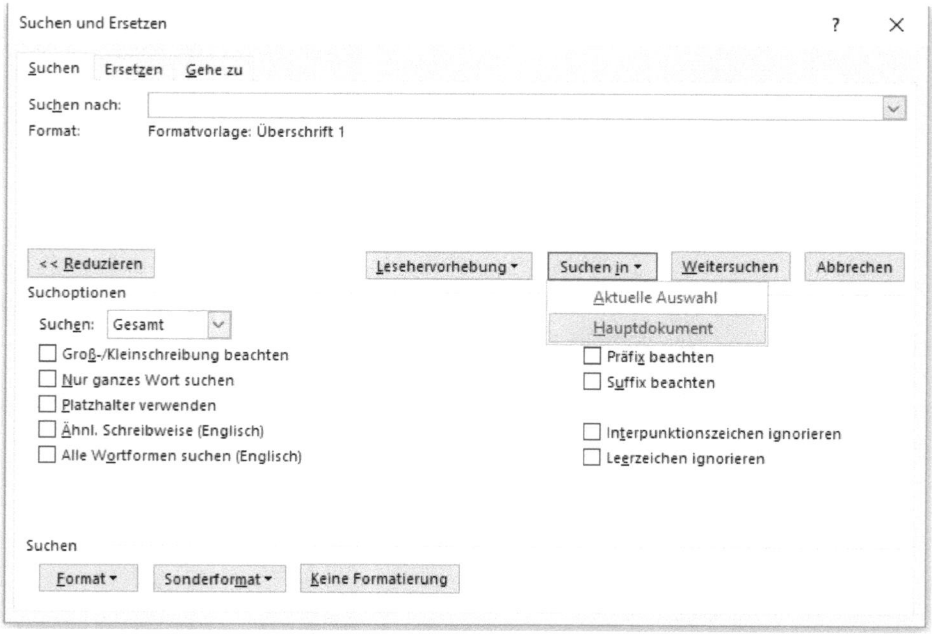

Wenn Sie hier auf „Hauptdokument“ klicken, zeigt Ihnen Word die Anzahl der Überschriften der ersten Überschrifteneben an. Zum Hauptdokument gehören z. B. nicht die Fußnoten.

Dieser Text hat also 2 Überschriften der ersten Überschriftenebene. Das ist wirklich nicht viel. Sie können sich diese beiden Überschriften anschauen, indem Sie auf den Button „Weitersuchen“ klicken“.

Geht es da nicht schneller, wenn Sie gleich mit der Maske „Suchen und Ersetzen“ z. B. diesen beiden Überschriften eine bestimmte Schriftart zuweisen (siehe Kapitel „Korrekturschritt: Alle Überschriften sollen die gleiche Schriftart haben“)?

Denn nach dem Klick auf den Button „Alle ersetzen“ erhalten Sie von Word diese Ergebnismeldung.

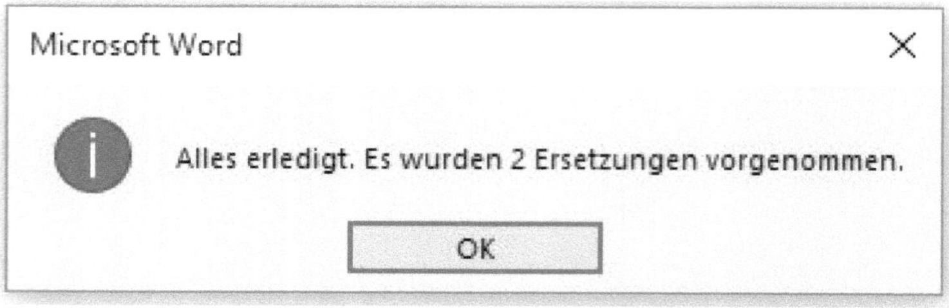

Sie haben 2 Überschriften der ersten Ebene und daher hat es 2 Ersetzungen gegeben, weil Sie diesen beiden Überschriften eine besondere Schriftart zugeordnet haben.

Da jetzt diese beiden Überschriften die gewünschte Schriftart haben, ist der Fehler korrigiert.

- Empfehlung: Vor dem Klick auf den Button „Alle ersetzen“ immer eine Kopie des Textes erstellen
- In Word kann man im Standard nicht nach „ungleich“ suchen. Z. B. ungleich Leerzeichen oder ungleich eine bestimmte Schriftart.

Absatzmarken in Word einblenden

In einigen Fällen müssen für das Finden und Korrigieren von Tippfehlern die Absatzmarken in Word eingeblendet sein.

Hier kann man die Absatzmarken in Word einblenden.

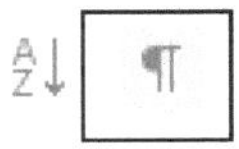

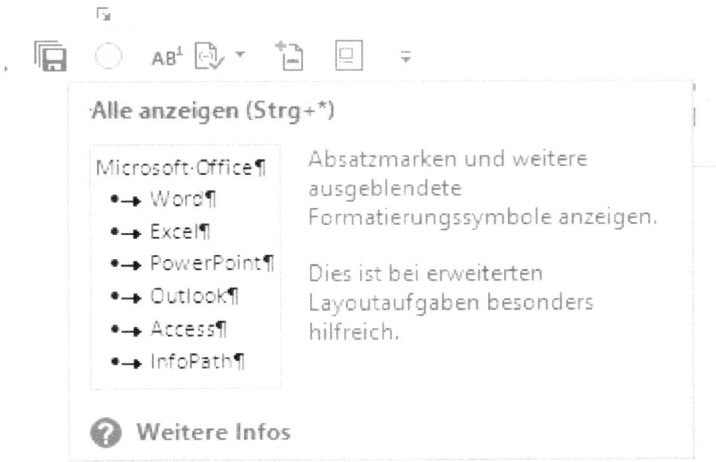

Korrekturschritt: „ß“ durch „ss“ ersetzen

Wer heute noch „daß“ statt „dass“ schreibt, kann insofern ganz einfach den Text per Massenänderung umstellen.

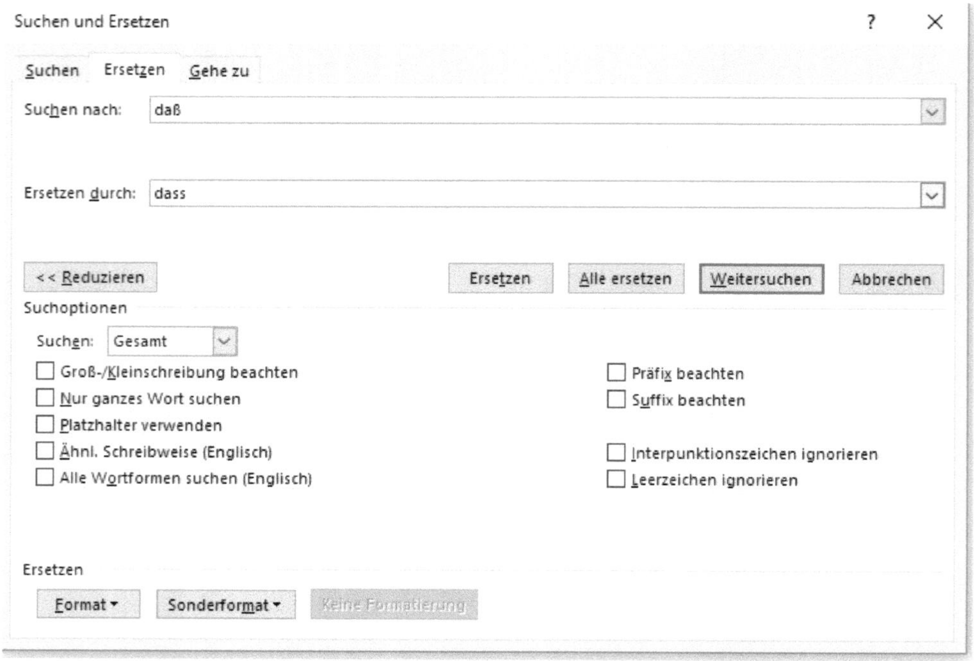

Weitere Beispiele für diese Fehlerart:

- bißchen
- Einfluß
- Engpaß
- ißt
- Kuß
- läßt
- muß
- Schluß
- selbstbewußt
- Streß

- ungewiß
- wußte
- vermißt

Für jedes dieser falsch geschriebenen Wörter, erhält man übrigens von Word eine Fehlermeldung.

Doch vorsichtig, nicht überall ist das „ß“ durch „ss“ ersetzt worden.

Einige Beispiele für Wörter mit „ß“:

- anschließend
- Gänsefüßchen
- gemäß
- grüßen
- Straße

Die hier mit „ß“ geschrieben Wörter werden von Word nicht beanstandet. Im Bereich „ß“ oder „ss“ funktioniert die Prüfung von Word sehr gut. So dass Sie sich bei diesem Thema - falls notwendig - auf die Massenkorrektur konzentrieren können.

Korrekturschritte für „z. B.“

Bei der Abkürzung „z. B.“ sind verschiedene Tippfehler möglich. Die hier vorgeschlagenen Korrekturschritte können Sie natürlich analog für andere Abkürzungen wie „d. h.“ durchführen.

„z. B.“ ohne Leerschritt geschrieben

Für diesen Korrekturschritt würde die Maske „Suchen und Ersetzen“ so aussehen (Teilsicht).

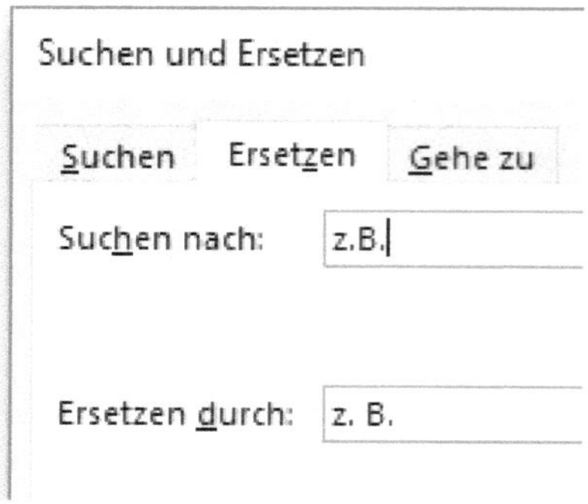

Klein- und Großschreibung ist bei „z. B.“ falsch

Für diesen Korrekturschritt würde die Maske „Suchen und Ersetzen“ so aussehen.

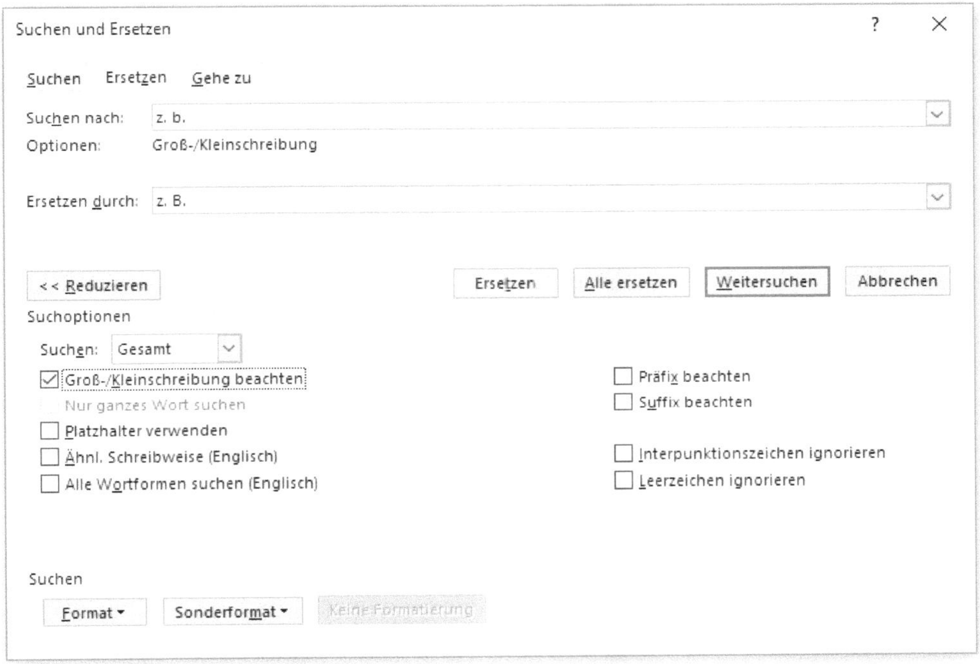

Bitte beachten Sie das Häkchen bei „Groß-/Kleinschreibung beachten“.

Korrekturschritt: Zwei Leerzeichen statt einem Leerzeichen

Laut Wikipedia sind die Begriffe „Leerzeichen“ und „Leerstelle“ austauschbar.

Hier als Beispiel ein Satz mit 2 Leerzeichen bzw. 2 Leerstellen.

Wer·ältere·Versionen·von·Jutoh·kennt,·wird··angenehm·überrasch

Die 2 Punkte als Platzhalter für die 2 Leerzeichen, kann man nur sehen, wenn die Absatzmarken in Word eingeblendet worden sind.

Wie Sie sehen, hat Word diesen Tippfehler nicht moniert. Aber man kann mit Word nach diesem Tippfehler suchen und ihn korrigieren.

Ich wähle oben links den Menüpunkt „Erweiterte Suche“ aus.

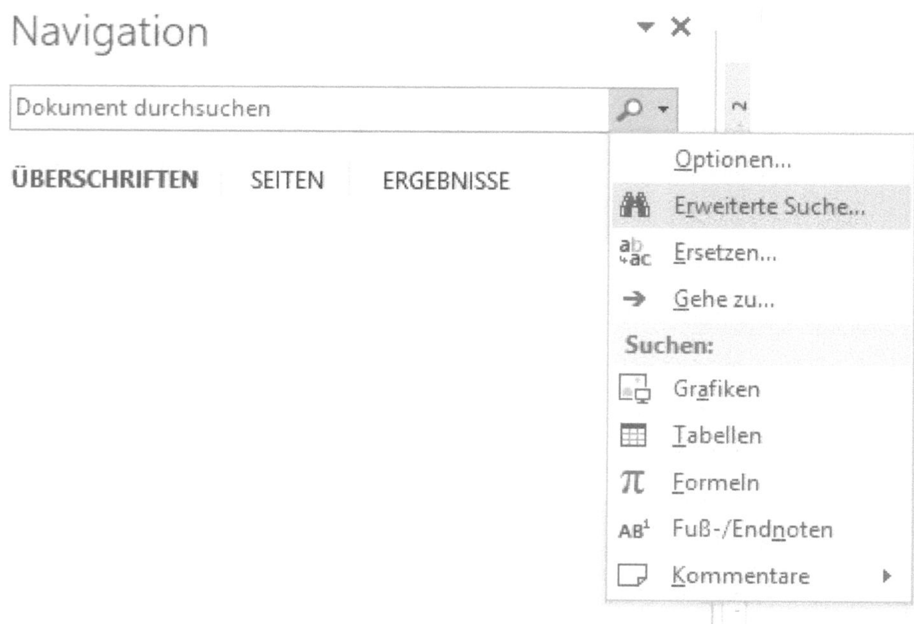

Anschließend bietet Word mir die Maske „Suchen und Ersetzen“ an.

In dem Feld „Suchen nach“ stelle ich den Cursor ab und drücke zweimal auf die Leertaste. Dadurch wandert der Cursor etwas nach rechts.

Wie Sie an dem grauen Balken erkennen können, findet Word die Stelle im Text mit den beiden Leerzeichen hintereinander.

Was gefunden werden kann, kann auch ersetzt werden. Ich möchte die beiden Leerzeichen durch ein Leerzeichen ersetzen.

Daher klicke ich in der Maske „Suchen und Ersetzen“ auf die Registerkarte „Ersetzen“.

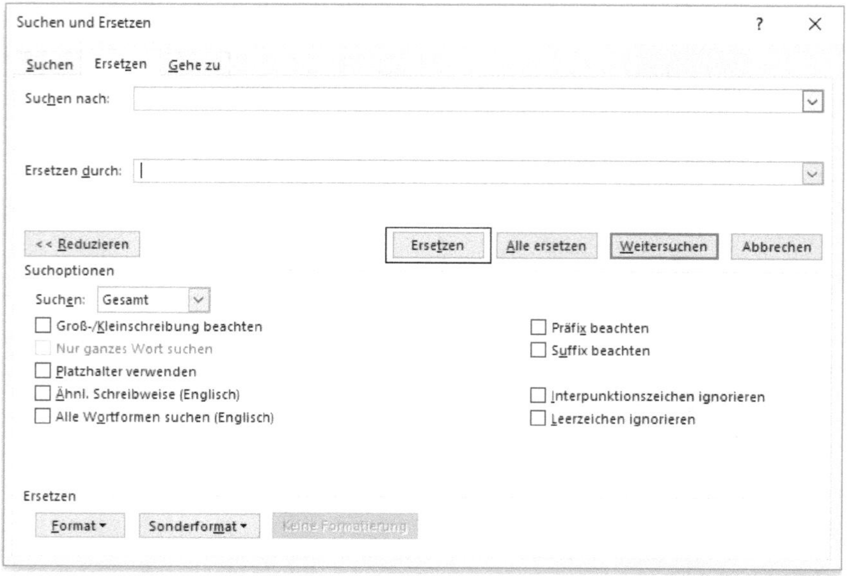

In dem Feld „Suchen nach“ sind 2 Leerzeichen enthalten, in dem Feld „Ersetzen durch“ gebe ich ein Leerzeichen ein. Dadurch wandert der Cursor etwas nach rechts. Wenn ich dann anschließend ich auf den Button „Ersetzen“ klicke, sieht der Satz dann so aus.

Wer·ältere·Versionen·von·Jutoh·kennt,·wird·angenehm·überrascht·sein,

Wie Sie sehen, ist jetzt nur noch ein Leerzeichen zwischen „wird“ und „angenehm“.

Korrekturschritt. Leerzeichen vor dem Komma beseitigen

Beispiel:

Der·Inspektor·zählt·Listenformate·(siehe·oben)·,·

Auch diese Art von Tippfehler können Sie in Word mit der Maske „Suchen und Ersetzen“ korrigieren.

Die Maske „Suchen und Ersetzen“ wird für diesen Korrekturschritt so ausgefüllt.

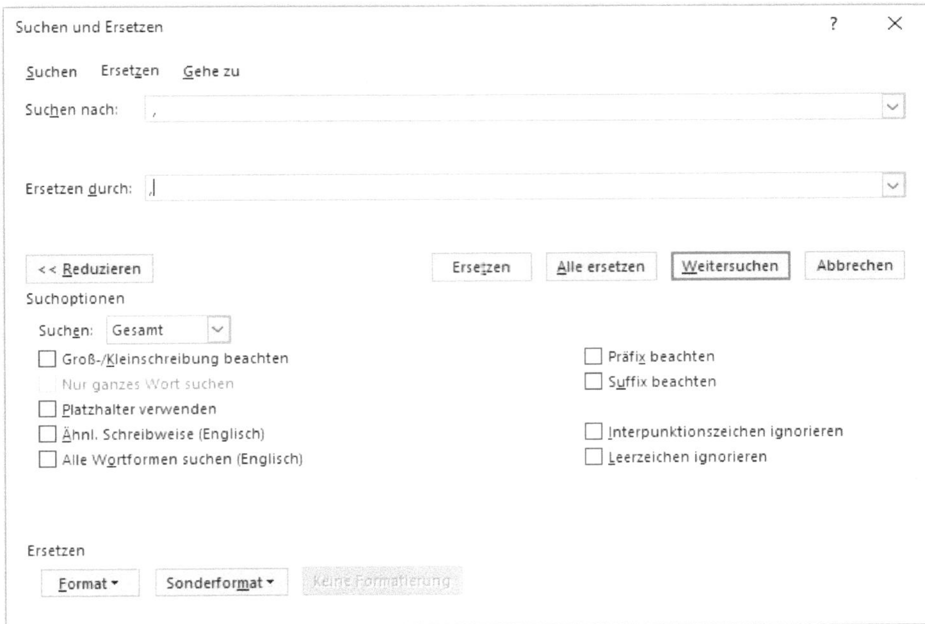

In das Feld „Suchen nach“ geben Sie eine Leerstelle und danach ein Komma ein. In das Feld „Ersetzen durch“ stellen Sie nur ein Komma ein.

Wenn Sie jetzt auf den Button „Alle ersetzen“ klicken, sind alle Leerstellen vor einem Komma verschwunden.

Korrekturschritt. Leerzeichen vor dem Doppelpunkt beseitigen

Bei diesem Korrekturschritt wird die Maske „Suchen und Ersetzen“ so ausgefüllt.

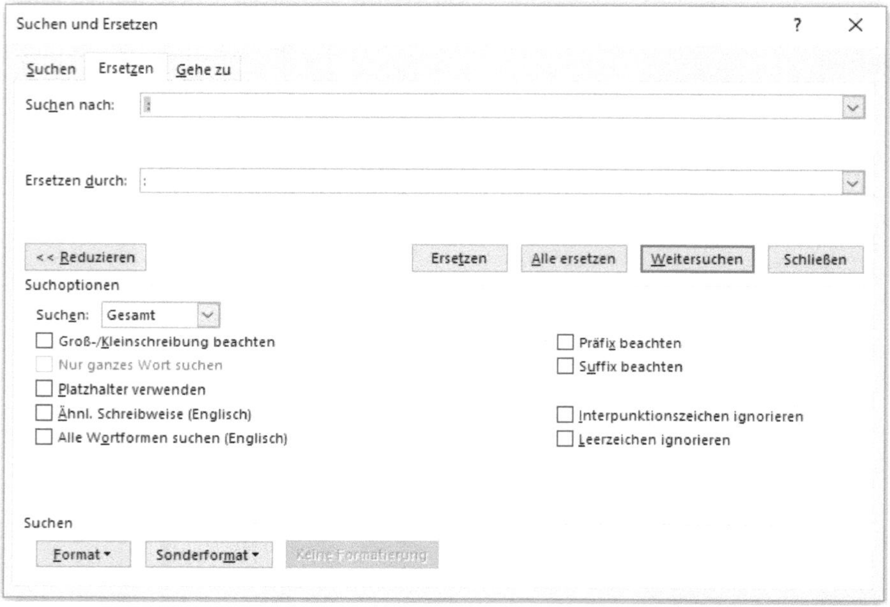

In dem Feld „Suchen nach“ werden eine Leerstelle und ein Doppelpunkt eingetragen. In dem Feld „Ersetzen durch“ wird lediglich ein Doppelpunkt eingetragen.

Korrekturschritt: Leerzeichen vor dem Prozentzeichen fehlt

Nach DIN 5008 und dem Duden ist zwischen der Zahl und dem Prozentzeichen ein Leerzeichen zu setzen.

Die Maske „Suchen und Ersetzen“ sieht dann in diesem Fall so aus.

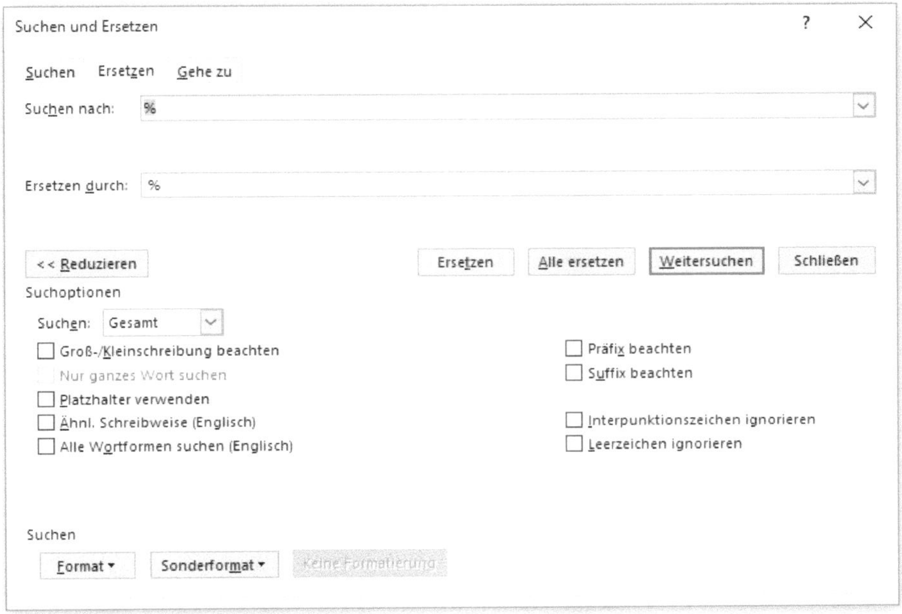

In dem Feld „Ersetzen durch“ habe ich ein Leerzeichen und anschließend das Prozentzeichen eingegeben. Den Button „Alle ersetzen“ würde ich hier nicht benutzen, da Sie sonst 2 Leerzeichen vor dem Prozentzeichen, wenn es bereits ein Leerzeichen vor dem Prozentzeichen gibt. Davon kann ja nicht ausgegangen werden, dass immer das Leerzeichen vor dem Prozentzeichen vergessen worden ist.

Korrekturschritt: Leerzeichen vor der Absatzmarke beseitigen

Sicher kein großer Fehler. Wer aber dennoch ein Leerzeichen vor der Absatzmarke beseitigen will, kann das auf diese Art und Weise machen.

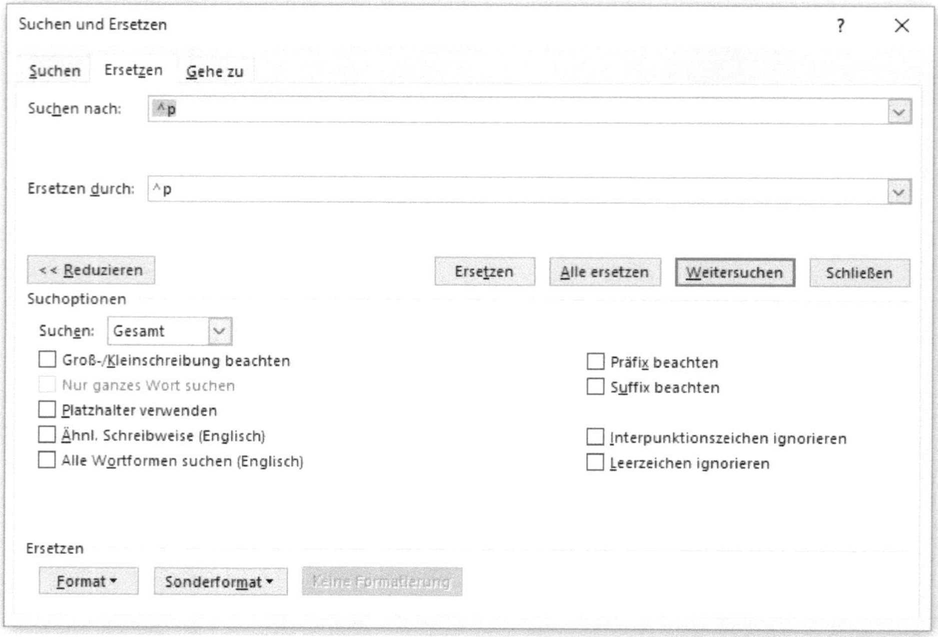

Für die Felder „Suchen nach“ und „Ersetzen durch“ ist dafür jeweils das Sonderformat „Absatzmarke“ auszuwählen.

Korrekturschritt: Zweifaches Gänsefüßchen beseitigen

Hier ein Beispiel mit einem zweifachen Gänsefüßchen.

Klickt·man·auf·den·Menüpunkt·„„Über·Jutoh“,·erhält·man·diese·Maske:

Wie Sie sehen, hat Word diesen Tippfehler nicht moniert. Aber man kann mit Word nach diesem Tippfehler suchen und ihn korrigieren.

Die Maske „Suchen und Ersetzen“ sieht dann in diesem Fall so aus.

Ein zweifaches Gänsefüßchen wird dann durch einfaches Gänsefüßchen ersetzt.

Nach dem Korrekturschritt sieht der Satz dann so aus.

Klickt·man·auf·den·Menüpunkt·„Über·Jutoh‘,·erhält·man·diese·Maske:

Gleiches gilt natürlich für ein zweifaches Gänsefüßchen, das nicht unten, sondern oben steht.

Also·setze·ich·ein·Häkchen·bei·„Felder·und·Nummerieru

Die Maske „Suchen und Ersetzen“ wird dann in diesem Fall so gefüllt.

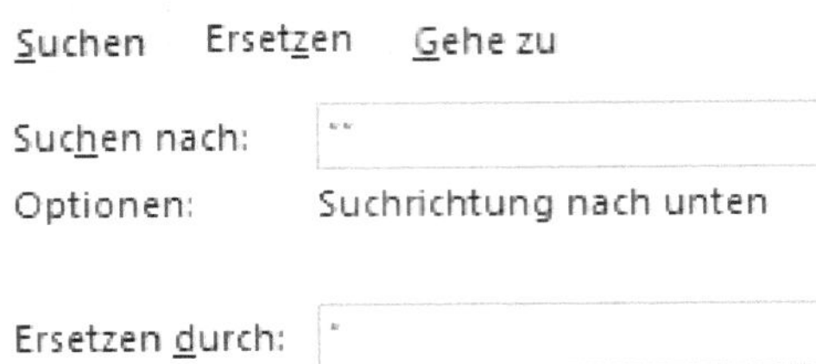

Korrekturschritt: Eine Leerstelle zwischen dem zweiten Gänsefüßchen und dem vorherigen Wort beseitigen

Beispiel:

(siehe·Kapitel·„Festlegung·des·Projektspeicherortes·“)

Die Maske „Suchen und Ersetzen“ ist auf der Registerkarte „Suchen“ dann so zu gestalten.

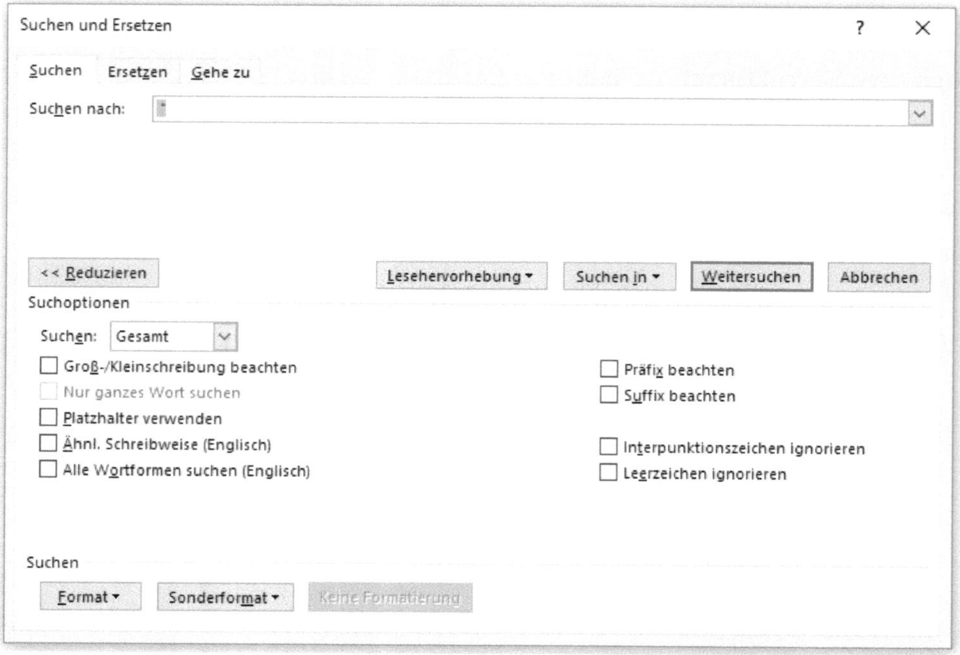

In dem Feld „Suchen nach“ geben Sie eine Leerstelle und danach das zweite Gänsefüßchen [“] ein.

Auf keinen Fall sollte man in diesem Fall in der Maske „Suchen und Ersetzen“ die Funktion „Alle ersetzen“ benutzen.

Denn wenn – aus welchen Gründen auch immer - das erste Gänsefüßchen auch oben ist, würden Sie in allen diesen Fällen zusätzliche Fehler in Ihr Manuskript einbauen.

Beispiel:

Manuskript·für·das·E-Book·“E-Book·Distributoren,·E-Book·Shops,·E-Book·The

Wenn Sie bei dieser Art von Suche die Leerstelle vor Ihrem zweiten Gänsefüßchen manuell entfernen, dann können Sie bei dieser Gelegenheit auch gleich manuell das erste Gänsefüßchen korrigieren.

Korrekturschritt: Eine Leerstelle vor dem Komma beseitigen

Die Maske „Suchen und Ersetzen“ wird dann in diesem Fall so gefüllt (Teilsicht).

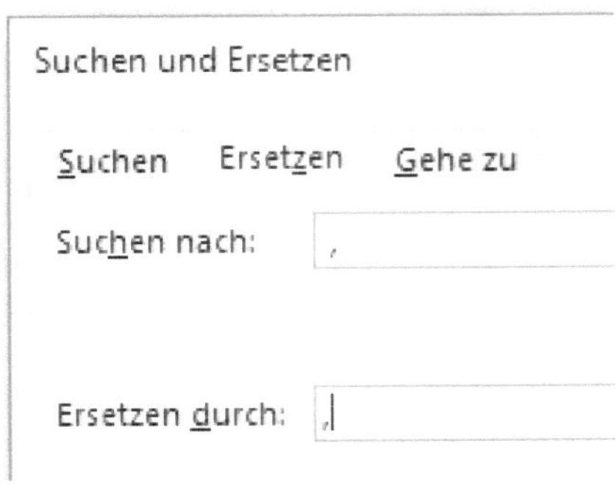

In dem Feld „Suchen nach“ geben Sie ein Leerzeichen und danach ein Komma ein.

Korrekturschritt: 2 Punkte hintereinander beseitigen

Beispiel:

·brauchen··Sie·zwingend·Indexeinträge..·

Wie Sie an der kleinen blauen Wellenlänge sehen können, wird das von Word gemeldet, wenn am Ende des Satzes aus Versehen zwei Punkte vorhanden sind.

Für diesen Korrekturschritt sieht die Maske „Suchen und Ersetzen“ dann so aus (Teilsicht).

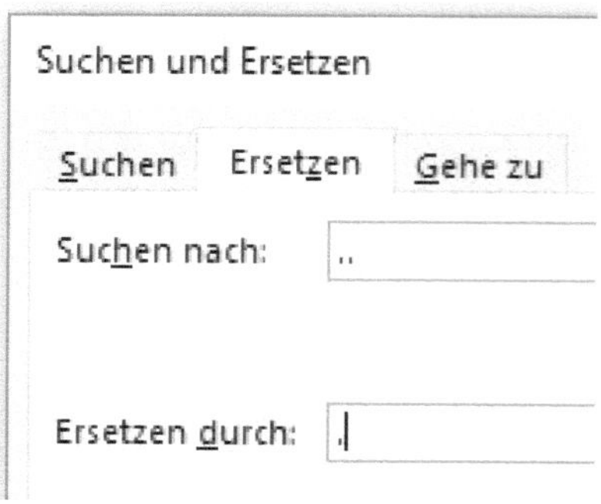

Natürlich ist dabei an die Fälle zu denken, in denen man ein Satz nicht zu Ende führt, weil .....

Kommen solche Konstruktionen in Ihrem Text vor, dann würde ich nicht auf den Button „Alle ersetzen“ klicken.

Korrekturschritt: 2 Kommas hintereinander beseitigen

Für diesen Korrekturschritt sieht die Maske „Suchen und Ersetzen“ dann so aus (Teilsicht).

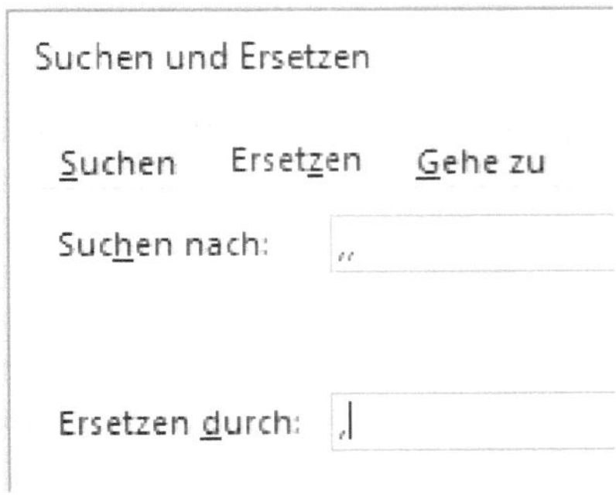

Nach Bindestrichen im Text suchen

Beim Setzen eines Bindestrichs sind verschiedene Fehler möglich.

Am Satzende ein Bindestrich statt einem Punkt

Beispiel:

Bindestrich am Satzende statt einem Punkt- Das ist der nächste Satz.

Wie Sie sehen, findet Word diesen Tippfehler nicht. Da die beiden Tasten nebeneinanderliegen, ist so ein Tippfehler schnell passiert. Übersieht man diesen Tippfehler, sieht das so aus, als ob man seinen Text überhaupt nicht korrekturgelesen hätte.

Keine Leerzeichen vor und nach dem Bindestrich

Wird der Bindestrich bewusst verwendet, wird er dann in der Regel als Gedankenstrich eingesetzt.

Obwohl der Gedankenstrich länger als der Bindestrich ist. Hier der Vergleich.

Gedankenstrich: –

Bindestrich: -

Der Gedankenstrich ist im Verhältnis zum Bindestrich recht mühsam aufrufbar. Man muss gleichzeitig die Strg-Taste und die Minustaste im Nummernblock drücken.

Wem Ihnen das zu umständlich ist oder wenn Sie der Ansicht sind, dass solche feinen, typografischen Unterschiede für Ihren Text keine Rolle spielen, dann benutzen Sie den Bindestrich als (verkürzten) Gedankenstrich. In diesem Fall ist vor dem Bindestrich und nach dem Bindestrich in der Regel jeweils ein Leerzeichen zu setzen.

Suchen Sie also nach Bindestrichen in Ihrem Text, dann können Sie erkennen, ob Sie diese Leerzeichen gesetzt haben. Das setzt allerdings voraus, dass Sie die Absatzmarken eingeblendet haben (siehe Kapitel „Absatzmarken in Word einblenden“). Damit Sie das alles möglichst schnell erkennen können, setzen Sie den Zoomfaktor in Word unten rechts auf z. B. 230 % hoch.

Bei Zeitangaben gibt es bei den Strichen keine Leerzeichen.

Beispiele: 8:30–12:00 Uhr, 1998–2019

Bei Streckenangaben wird es laut Wikipedia ganz kompliziert.

Für den Bürobereich empfehlen DIN 5008 und Ö-NORM A 1080 Leerzeichen um den Streckenstrich: „Wien – Krakau". Laut Duden wird der Streckenstrich meist ohne Zwischenraum gesetzt: „Wien–Krakau".

Wörter vor denen fast immer ein Komma steht

Wenn Sie das Wort über die Funktion „Suchen nach" gefunden haben, können Sie überprüfen, ob Sie vor dem jeweiligen Wort ein Komma gesetzt hatten.

Einige Beispiele für Wörter, vor denen fast immer ein Komma gesetzt wird.

- aber
- allein
- doch
- jedoch
- sondern
- vielmehr

Sie können auch nicht unbedingt davon ausgehen, dass Word diese Fehler findet.

Beispiel für eine unterlassene Fehlermeldung von Word:

Ich schaue heute nicht Fernsehen sondern höre Musik.

So gut wie immer bedeutet, dass z. B. natürlich vor „aber" kein Komma gesetzt wird, wenn der Satz mit „aber" beginnt.

Es gibt selbstverständlich noch andere Fälle, in denen vor den o. g. Wörtern kein Komma gesetzt wird. Hier einige Beispiele.

Der neue Tennisschläger ist aber nicht so gut wie der alte Tennisschläger.

Nur du allein bist verantwortlich.

Das ist doch unglaublich.

Es kommt jedoch auf das Thema an.

Es ist Ihre Entscheidung, ob Sie trotz dieser Ausnahmen, nach diesen Wörtern suchen.

Listen überprüfen

Bei dieser Überprüfung können Sie Textteile finden, die aus Versehen ein Listenelement sind. Ferner ist es dadurch möglich, herauszufinden, ob die Listen in Ihrem Text unbeabsichtigt unterschiedliche Aufzählungs- oder unterschiedliche Nummerierungsformate haben.

Die Listen in Ihrem Text finden Sie so:

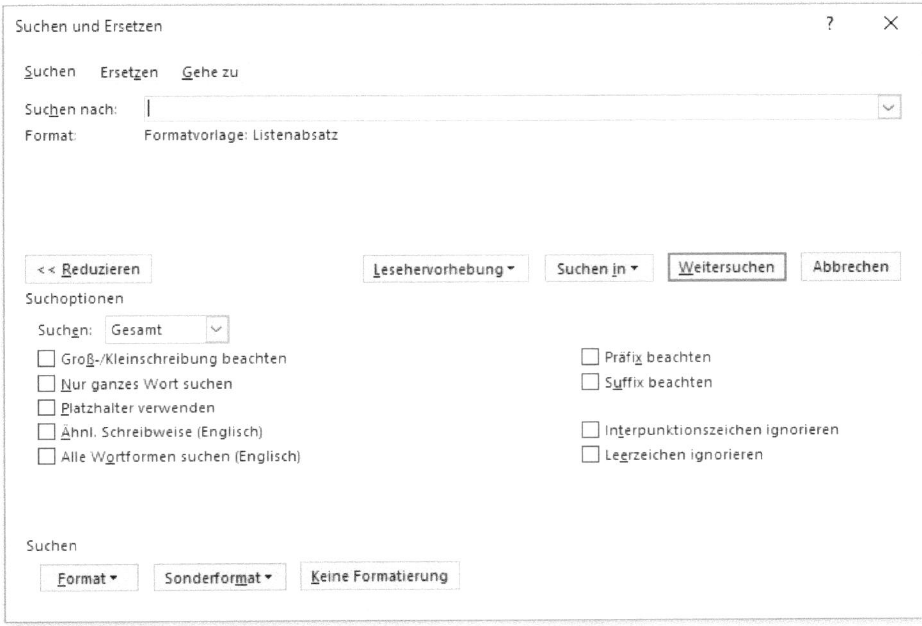

Mit dieser Methode wird jedes Listenelement gefunden. Dadurch findet man auch Textteile, die nicht Bestandteil einer Liste sein sollen.

Beispiel:

- → Wer·wissen·möchte,·wie·man·eine·Word·Datei·für·einfache·Cover·in·eine·JPG-Datei· umwandelt,·kann·hier·nachlesen.¶
- → http://www.itdoor.lu/fachartikel-zum-thema-word-fuer-eilige-leser/word-dokument-in-jpeg-jpg-datei-umwandeln/¶

Diese Liste mit den 2 Listenelementen soll es gar nicht geben.

Oder Sie entdecken, dass die Listenelemente einer Liste keine einheitlichen Aufzählungszeichen haben.

Beispiel:

- → Wer·direkt·vom·Abbildungsverzeichnis·auf·die·Bildbeschriftung·springen·möchte·—·weil·er·den·Link·nicht·bearbeiten·möchte·—·**drückt·die·Taste·„Strg"·wenn·er·auf·einen·Link·im·Abbildungsverzeichnis·klickt.¶**

➔→Wenn·es·in·Word·2013·im·Standard·ein·spezielles·Format·für·Bildbeschriftungen·gäbe,·müssten·Sie·hier·in·Jutoh·für·die·Erstellung·eines·Abbildungsverzeichnisses·10mal·klicken.·Hinzu·kommen·noch·3·Klicks·für·die·Festlegung·des·Ortes·für·das·Abbildungsverzeichnis.¶

Mit dieser Methode entdecken Sie natürlich auch, das verschiedene Listen verschiedene Aufzählungszeichen oder verschiedene Nummerierungsformate.

Sonstige Fehler im Text mit Word finden und korrigieren

Auch wenn die Prüfung von Rechtschreibung und Grammatik in Word nicht perfekt ist, bietet Word zahlreiche Möglichkeiten sonstige Fehler im Text zu finden.

Was sind überhaupt sonstige Fehler? Sonstige Fehler sind die Fehler, die

keine Rechtschreibungsfehler

keine Kommasetzungsfehler

keine Tippfehler

sind.

Die Diskussion, welcher Fehler zu welcher Gruppe gehört, überlasse ich gerne den Lehrern. Denn die müssen sich von Berufs wegen bei den Korrekturzeichen für eine Gruppe entscheiden.

Hier eine kleine Liste der Korrekturzeichen aus dem Jahr 2004.

https://www.lehrerfreund.de/schule/1s/korrekturzeichen-deutsch/2287

A = Ausdruck

G/Gr = Grammatik

R = Rechtschreibung

Sb = Satzbau

W = Wort

Z = Zeichensetzung

Wie Sie sehen, gibt es kein Korrekturzeichen für sonstige Fehler. Dennoch habe ich für dieses Buch diese Fehlergruppe geschaffen, um die restlichen Fehler dort hineinzupacken.

In diesem Buch geht es darum Fehler zu finden und zu korrigieren. Ist der Fehler korrigiert, ist es im Rahmen dieses Buches von untergeordneter Bedeutung, welcher Art der Fehler war. Ihr Text wird schließlich nicht von mir benotet.

Das Besondere an den sonstigen Fehlern ist, dass Sie entscheiden, ob ein Fehler vorliegt.

Beispiel:

Verwendet der Text mehr als eine Schriftart, ist es Ihre Entscheidung, ob dies ein Fehler ist oder kein Fehler ist.

Leider bietet Word im Standard nicht die Möglichkeit an, nach „ungleich“ zu suchen.

Beispiel:

Man kann nicht in Word direkt nach Textteilen zu suchen, bei denen die Schriftart ungleich einer bestimmten Schriftart ist. Natürlich können Sie in

Word nach bestimmten Schriftarten suchen, von denen Sie annehmen, dass diese in Ihrem Text vorkommen.

Obwohl Word nicht alle sonstigen Fehler anzeigt, kann man mit der Maske „Suchen und Ersetzen" in Word viele dieser Fehler finden und korrigieren. Dazu benutzt man die Maske „Suchen und Ersetzen" in Word.

Für diejenigen, die mit der Maske „Suchen und Ersetzen" in Word noch nicht so vertraut sind, verweise ich auf die folgenden Kapitel:

- Der Weg zur Maske „Erweiterte Suche" in Word
- Der Weg zur Maske „Ersetzen" in Word
- Die Vorgehensweise bei den Masken „Suchen" und „Ersetzen" in Word

Korrekturschritte für Schriftarten und Schriftgrößen

Korrekturschritt: einheitliche Schriftart im Textkörper

Sind verschiedene Schriftarten im Textkörper nicht erwünscht, ergibt sich ein Korrekturbedarf.

Kopiert man Text aus anderen Quellen in die zum Schreiben benutzte Word-Datei hinein, dann kann es schon mal passieren, dass man sich eine Schriftart einfängt, die man nicht haben möchte.

Beispiel: Einige Passagen Ihres Textes haben die von Word voreingestellte Schriftart „Calibri (Textkörper). Der Textkörper soll aber die Schriftart „Arial" erhalten.

Dieser Korrekturschritt funktioniert nur mit der Schriftart „Calibri“, da Word im Standard nur für die Schriftart „Calibri“ zwischen Textkörper und Überschriften.

Also suche ich die Schriftart „Textkörper (Calibri)“ für das Feld „Suchen nach“ aus. Indem ich auf den Menüpunkt „Zeichen“ beim Menü „Format“ klicken.

Damit bin ich zumindest bei meiner Word Installation noch nicht am Ziel.

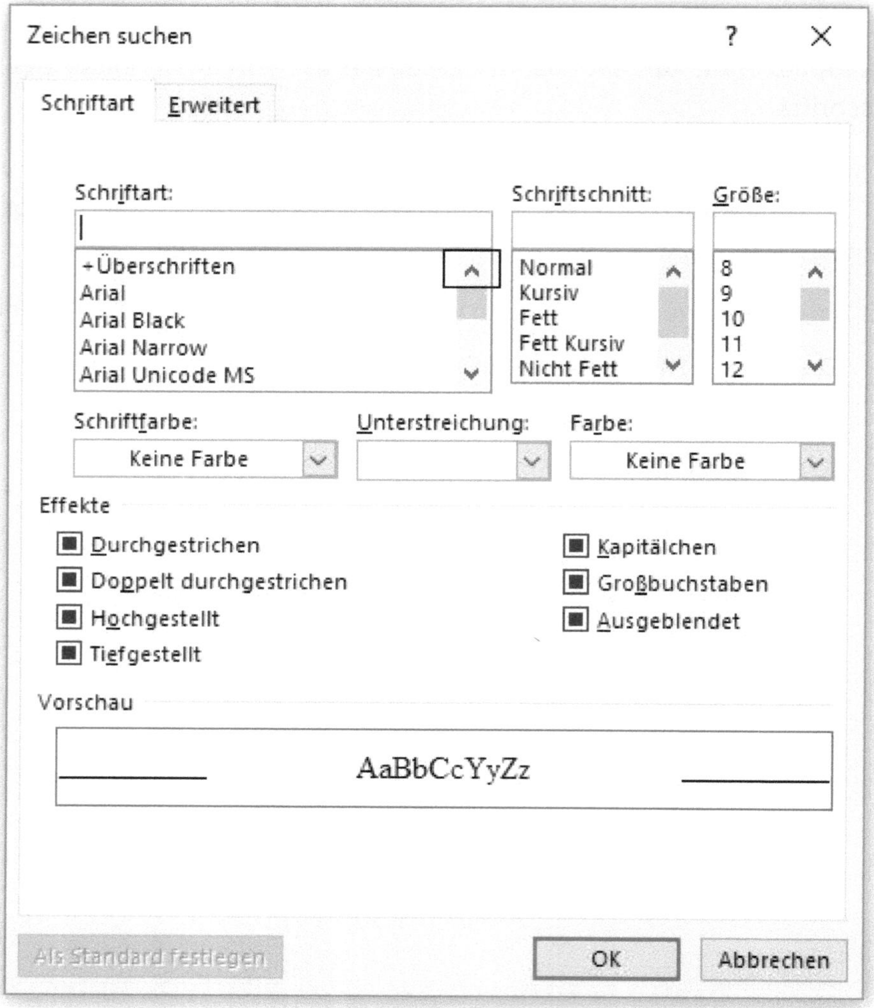

Wie Sie sehen, wird mir oben „+Überschriften“ angeboten. Ich will aber nicht die Schriftart für die Überschriften ändern, sondern die Schriftart für den Textkörper. Folglich klicke ich auf diesen Pfeil, der nach oben zeigt. Jetzt erst wird mir „+Textkörper“ angeboten.

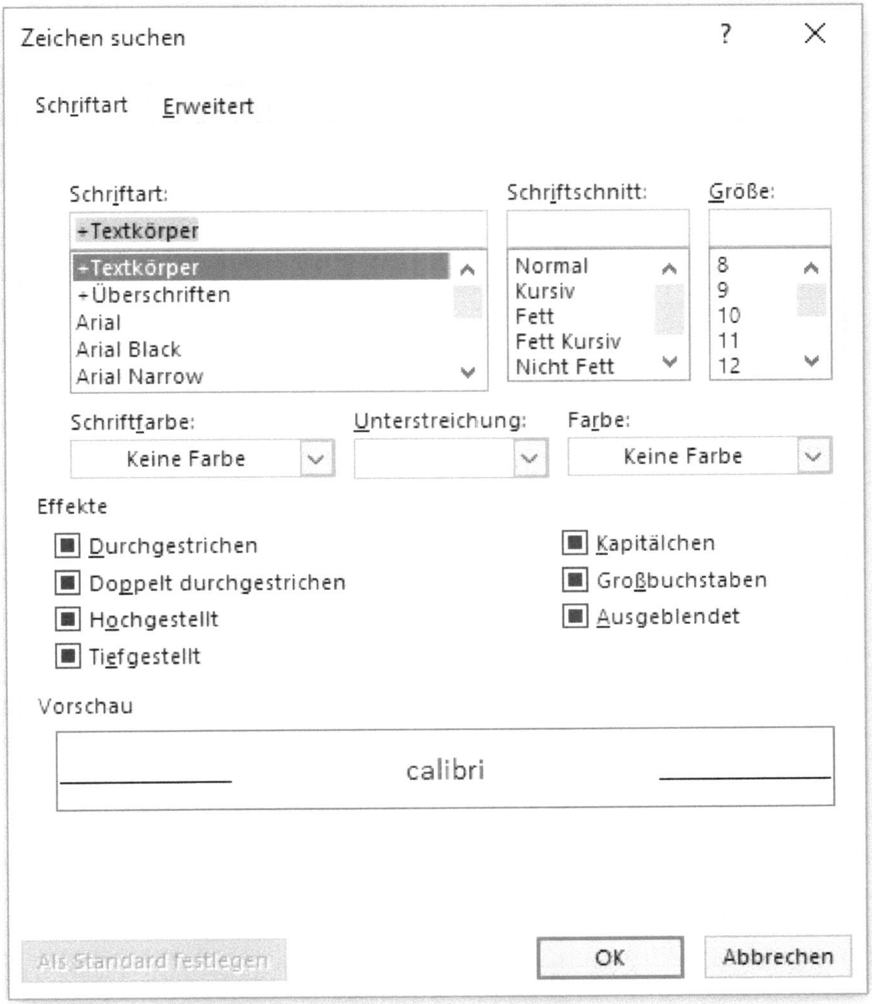

„+Textkörper" bedeutet Schriftart „Textkörper (Calibri)".

Die Maske „Suchen und Ersetzen" für diesen Prüfungsschritt sieht dann so aus.

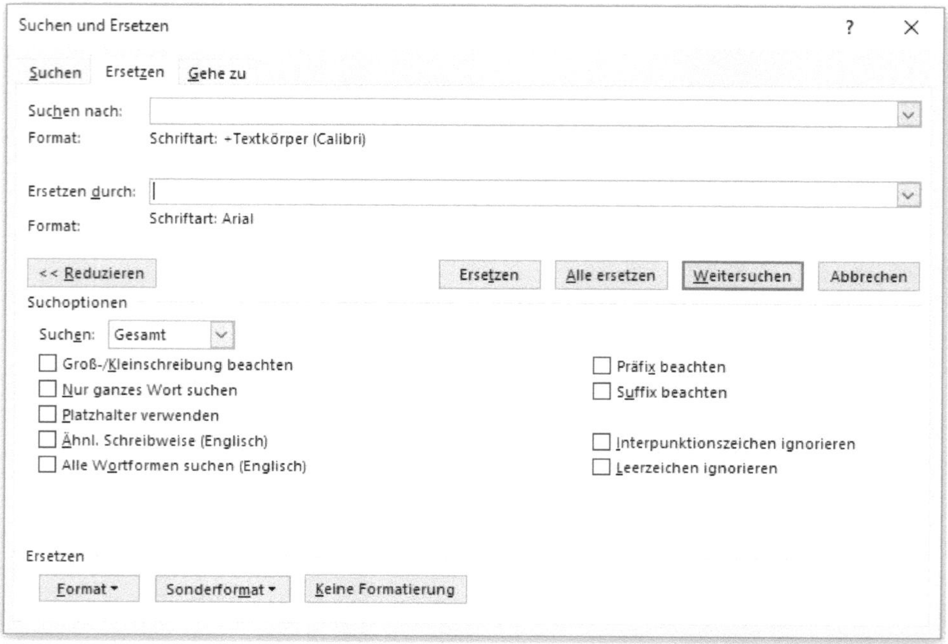

Wenn Sie jetzt auf den Button „Alle ersetzen“ klicken, erhält der gesamte Textkörper die Schriftart „Arial“. Zum Textkörper gehören alle Textarten, aber nicht die die Überschriften.

Der Text, die Beschriftungen, die Fußnoten, die Listenelemente etc. hätten dann die Schriftart „Arial“.

Wenn Sie nur eine bestimmte Textpassage markieren, erhält trotzdem der gesamte Textkörper die Schriftart „Arial“.

Korrekturschritt: einheitliche Schriftart im Text

Bei diesem Korrekturschritt geht es also nicht um den Textkörper, sondern „nur“ um den Text.

Von Word im Standard vorgesehen, ist die Formatvorlage Standard.

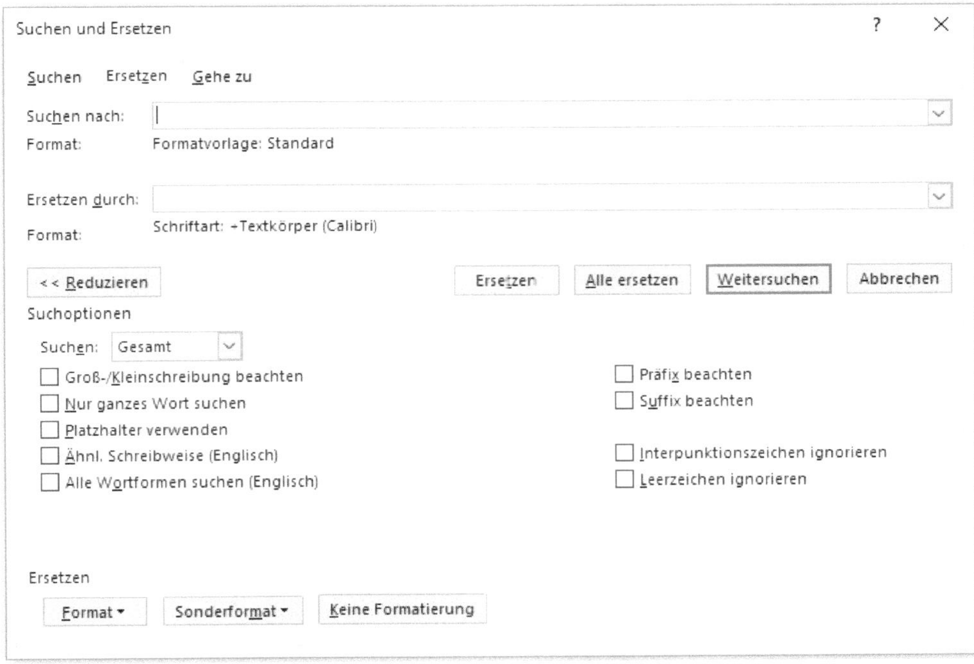

Klickt man jetzt auf den Button „Alle ersetzen“, erhält nur der Text die Schriftart „Calibri“.

Beschriftungen, Fußnoten, Listenelemente. Überschriften behalten Ihre bisherige Schriftart; z. B. „Arial“.

Korrekturschritt: Alle Textarten sollen die gleiche Schriftart haben

Beispiel: Alle Textarten – auch die Überschriften – sollen die Schriftart „Times New Roman“ haben.

Dafür suchen Sie dann die Schriftart „Times New Roman “ für das Feld „Ersetzen durch“ aus. Indem Sie auf den Menüpunkt „Zeichen“ beim Menü „Format“ klicken.

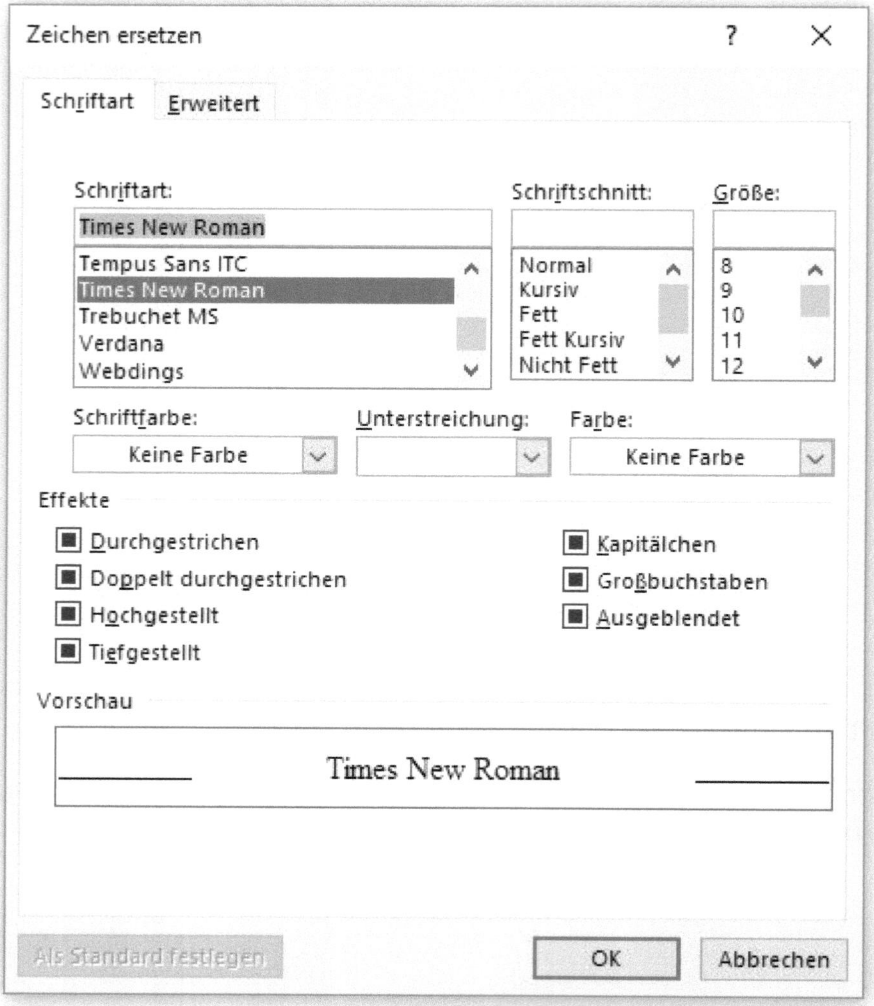

Die Maske „Suchen und Ersetzen“ sieht dann in diesem Fall so aus.

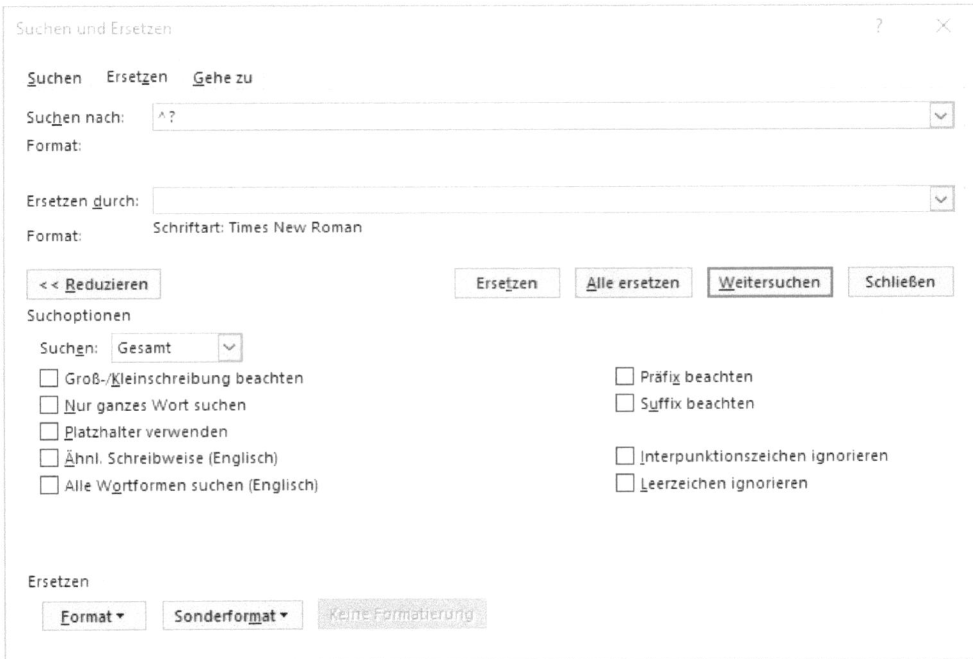

Möchten Sie im Feld „Suchen nach“ diese beiden Zeichen nicht manuell eintippen, gelangen Sie zu dem gleichen Ergebnis, indem Sie Sonderformat „Beliebiges Zeichen“ auswählen.

Egal welche Schriftarten bisher verwendet worden sind, haben dann alle Textarten die Schriftart „Times New Roman“.

Die Überschriften, die Zitate, die Beschriftungen, die Fußnotenzeichen, die Fußnotentexte und natürlich der „normale“ Text haben dann die Schriftart „Times New Roman“.

Korrekturschritt: Alle Überschriften sollen die gleiche Schriftart haben

Benutzen Sie die Schriftart „Calibri“ ist das in einem Schritt möglich, weil Word bei der Schriftart Calibri zwischen Textkörper und Überschriften unterscheidet (siehe Kapitel „Korrekturschritt: einheitliche Schriftart im Text“).

Für das Feld „Suchen nach“ suchen sie dann die Schriftart „+Überschriften“ aus. Indem Sie auf den Menüpunkt „Zeichen“ beim Menü „Format“ klicken.

Anschließend wählen Sie dann z. B. die Schriftart „Times New Roman “ für das Feld „Ersetzen durch“ aus. Auch hierfür klicken Sie auf den Menüpunkt „Zeichen“ beim Menü „Format“.

Die Maske „Suchen und Ersetzen“ sieht dann in diesem Fall so aus.

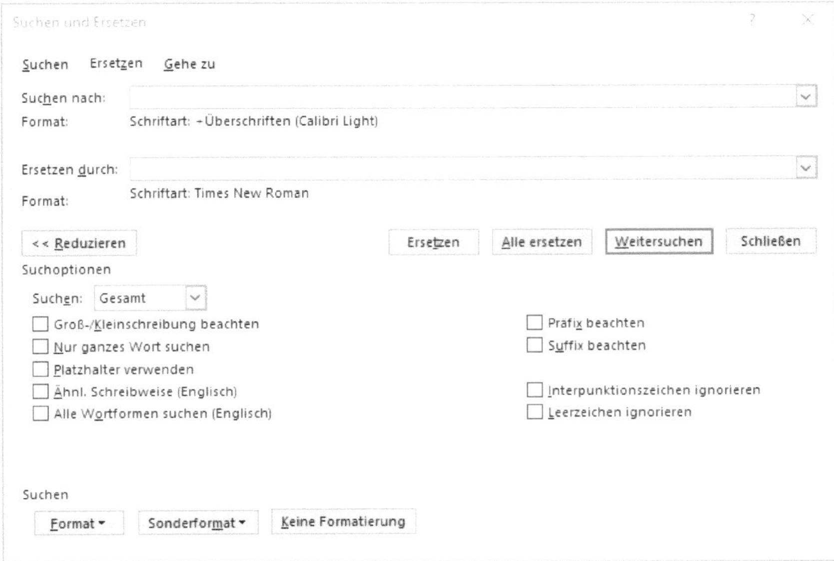

Alle Überschriften erhalten dann hier in diesem Beispiel die Schriftart „Times New Roman“.

Die anderen Textarten wie z. B. der Textkörper behalten die Schriftart „Calibri“.

Damit hätten Sie dann auch korrigiert, dass alle Textarten die gleiche Schriftart haben.

Korrekturschritt: Alle Überschriften der gleichen Überschriftenebene sollen die gleiche Schriftart haben

Falls es gewünscht ist, dass alle Überschriften die gleiche Schriftart haben sollen, kann man dies in Word pro Überschriftenebene festlegen.

Beispiel: Alle Überschriften der ersten Überschriftenebene sollen die Schriftart „Arial“ haben.

Dafür suchen Sie die Formatvorlage „Überschrift 1“ aus.

Die Maske „Suchen und Ersetzen“ sieht dann in diesem Fall so aus.

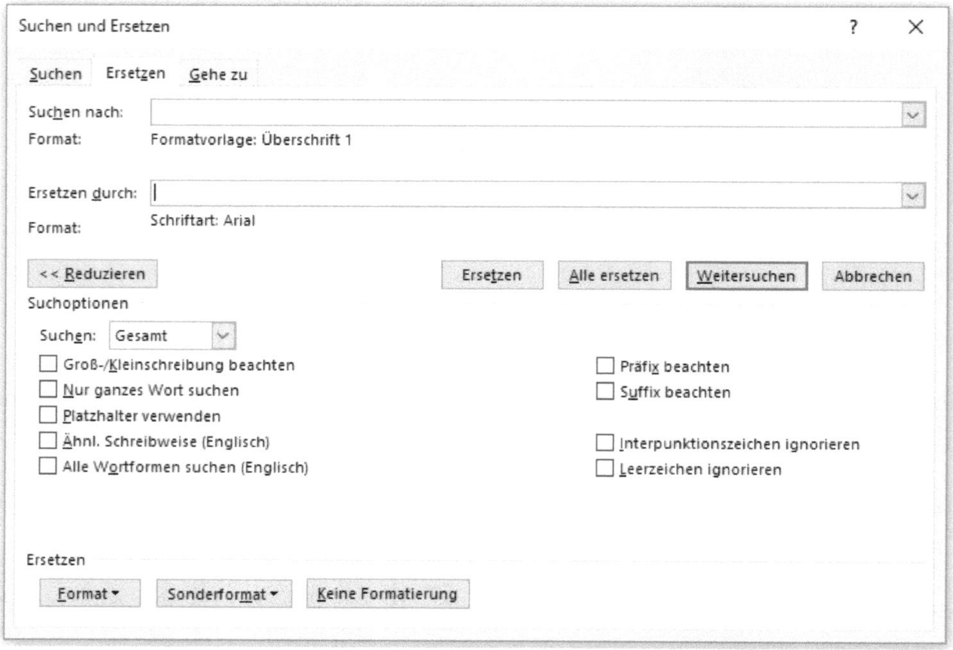

Für die anderen Überschriftenebenen würde man genauso verfahren, bloß dass man dann die „Formatvorlage Überschrift 2“ oder die „Formatvorlage Überschrift 3“ etc. auswählt.

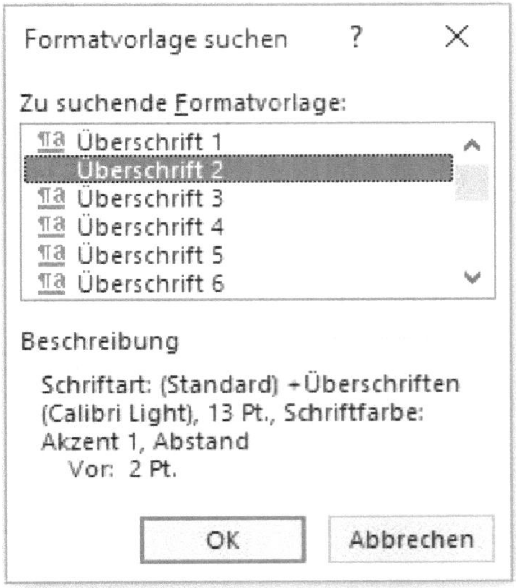

Damit hätten Sie dann auch korrigiert, dass alle Textarten die gleiche Schriftart haben.

Korrekturschritt: Standardschriftart und Standardschriftgröße ändern

Bei sehr großzügiger Auslegung des Begriffes „Fehler“ kann man es auch als Fehler ansehen, wenn die angebotene oder bisher verwendete Standardschriftart und/oder Standardschriftgröße nicht die gewünschte Standardschriftart und/oder gewünschte Standardschriftgröße ist.

Mit der Tastenkombination „Strg“+“D“ gelangen Sie zu der Maske „Schriftart“.

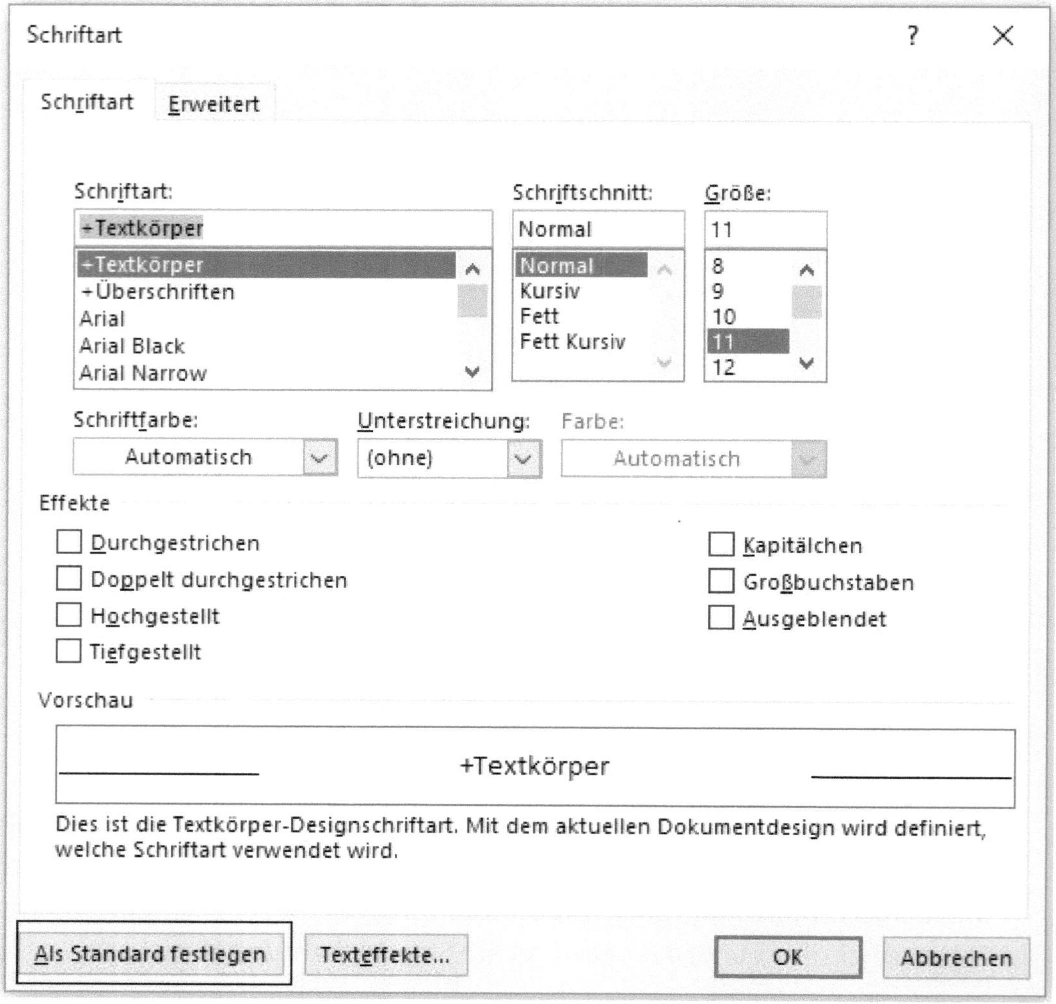

Wie sich aus den obigen Erläuterungen ergibt, bezieht sich Schriftart „+Textkörper“ auf die Schriftart „Calibri“.

Hier können Sie eine andere Schriftart und/oder eine andere Schriftgröße auswählen. Ich suche mir die Schriftart „Arial“ aus.

Anschließend, klicke ich auf den ‚Button „Als Standard festlegen“. Danach bietet mir Word dieses Popup an.

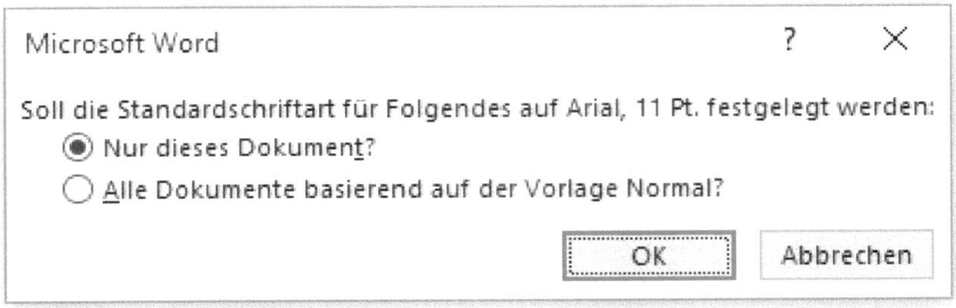

Da ich die „neue“ Standardschriftart erstmal testen will, ändere ich die Voreinstellung von Word nicht und klicke auf den Button „OK“.

Die Maske „Schriftart“ zeigt mir jetzt, dass die neue Standardschriftart für dieses Dokument jetzt „Arial“ ist.

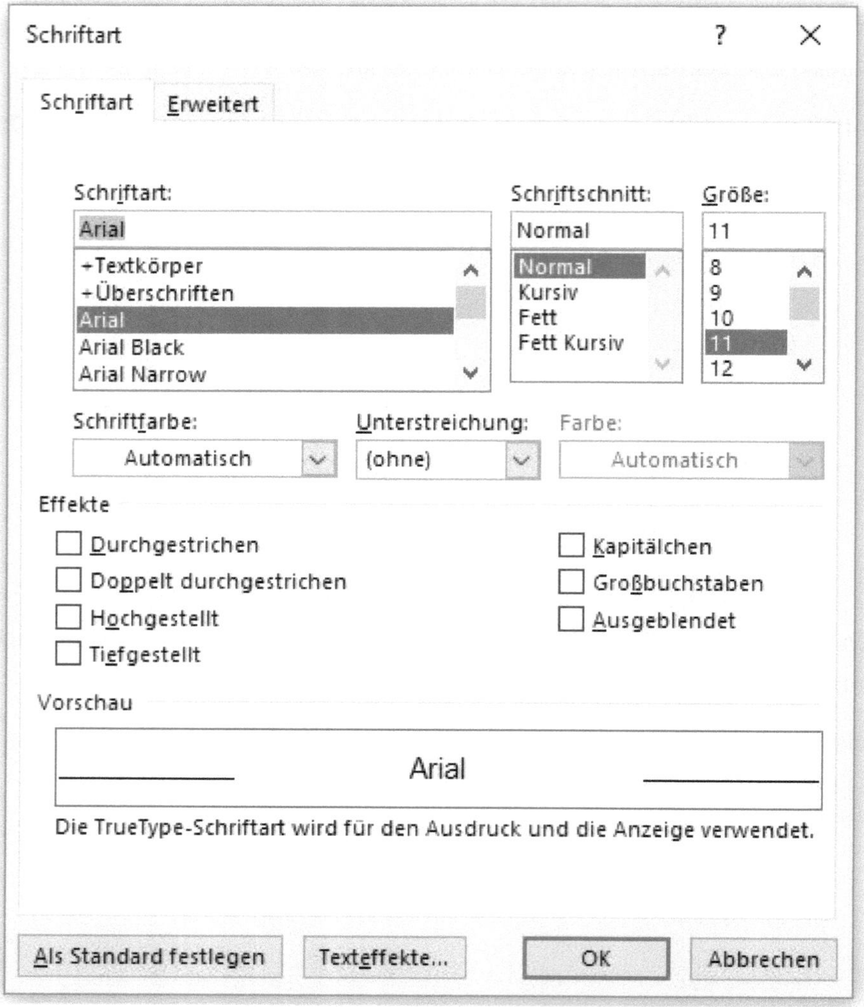

Allerdings habe ich bei meiner neuen Standardschriftart nicht die Differenzierung zwischen „Textkörper“ und „Überschriften“, die sehr hilfreich ist, wenn man den Überschriften eine andere Schriftart als dem

Textkörper zuweisen möchte (siehe Kapitel „Korrekturschritt: Alle Überschriften sollen die gleiche Schriftart haben“).

Dass die neue Standardschrift nicht für Überschriften gilt, ergibt sich auch aus der Tatsache, dass neu erstellte Überschriften nach wie vor die Schriftart „Calibri“ erhalten.

Bereits geschriebener Text bleibt ohnehin von der Änderung der Standardschriftart und der Standardschriftgröße unberührt.

Korrekturschritt: einheitliche Schriftgröße im Textkörper

Sind verschiedene Schriftgrößen im Textkörper nicht erwünscht, ergibt sich ein Korrekturbedarf.

Die Formatvorlage „Standard“ und der Schriftart „Calibri (Textkörper) sind von Word voreingestellt. Daher werden diese Voreinstellungen für das Beispiel in diesem Kapitel benutzt.

Kopiert man Text aus anderen Quellen in die zum Schreiben benutzte Word-Datei hinein, dann kann es schon mal passieren, dass man sich eine Schriftgröße einfängt, die man nicht haben möchte.

Dieser Korrekturschritt setzt natürlich voraus, dass der gesamte Textkörper die Schriftart Calibri hat (siehe Kapitel „Korrekturschritt: einheitliche Schriftart im Textkörper“).

Für das Feld „Suchen nach“ suchen sie dann die Schriftart „+Textkörper (Calibri)“ aus. Indem Sie auf den Menüpunkt „Zeichen“ beim Menü „Format“ klicken.

Anschließend wählen Sie dann z. B. die Schriftgröße 14 Pt. für das Feld „Ersetzen durch“ aus. Auch hierfür klicken Sie auf den Menüpunkt „Zeichen“ beim Menü „Format“.

- Statt <<pt>> schreibt Word auf seinen Masken <<Pt.>>. Daher übernehme ich für dieses Buch die Schreibweise von Word, obwohl diese vom Duden abweicht.

Die Maske „Suchen und Ersetzen“ sieht dann bei diesem Korrekturschritt so aus.

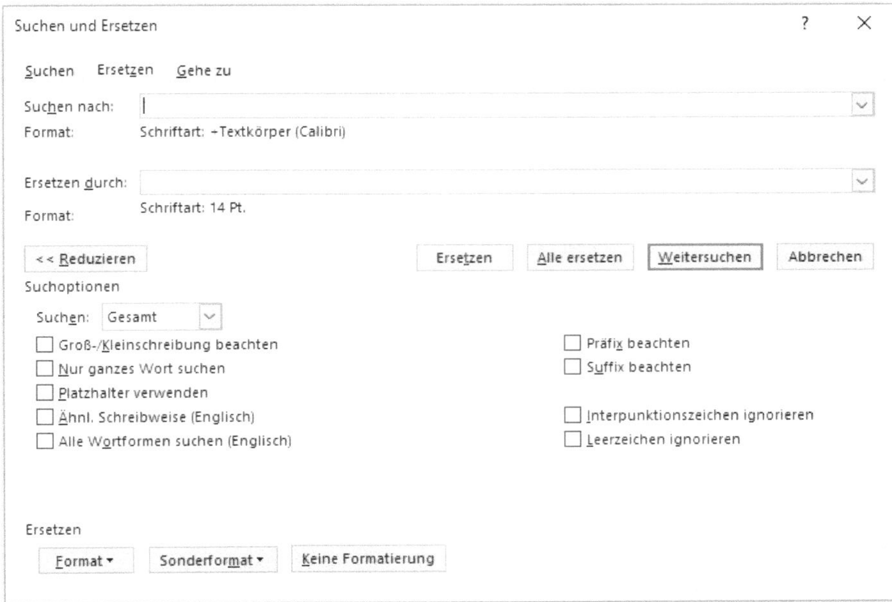

Anschließend hat der gesamte Textkörper die Schriftgröße 14 Pt.

Korrekturschritt: Alle Textarten sollen die gleiche Schriftgröße haben

Für den Fall, dass nicht überall im Text die Schriftart Calibri benutzt worden ist, gibt es natürlich auch einen Korrekturschritt, der durchgeführt werden kann.

Für den Fall, dass die gewünschte Schriftgröße z. B. 12 Pt. sein soll, sieht dann die Maske „Suchen und Ersetzen“ so aus.

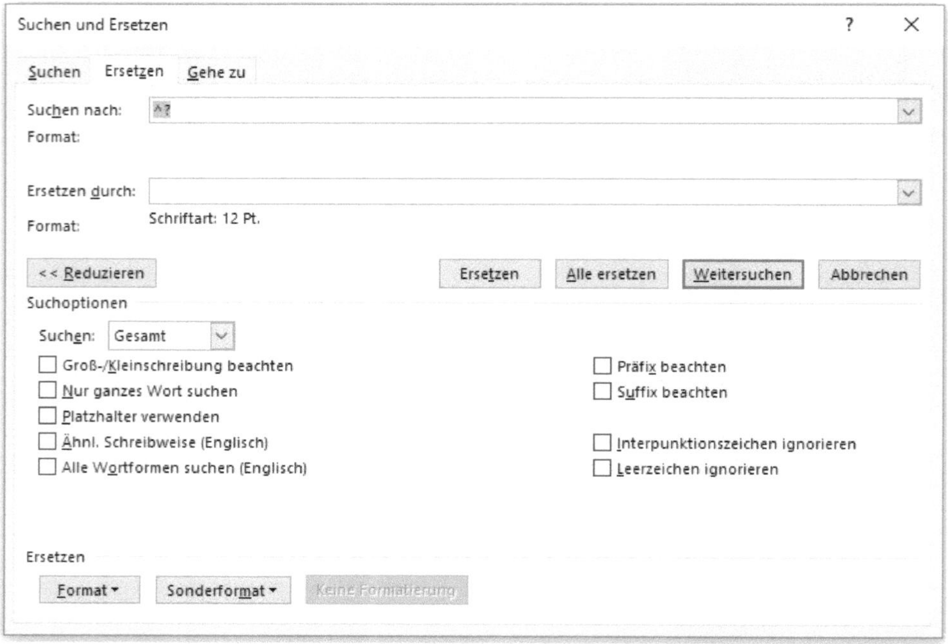

Alle Textarten bedeutet, dass u. a. dann auch alle Überschriften, Fußnoten, Beschriftungen die Schriftgröße 12 Pt. haben.

Falls Ihnen diese Vereinheitlichung doch zu weit geht, können Sie das in einem zweiten Schritt korrigieren. Siehe dafür z. B. diese Kapitel:

- Korrekturschritt: Alle Überschriften der gleichen Überschriftenebene sollen die gleiche Schriftgröße haben
- Korrekturschritt: Spezielle Schriftgröße für die Fußnotentexte und die Fußnotennummern festlegen
- Korrekturschritt: Spezielle Schriftgröße für die Fußnotenzeichen (Fußnotennummern) festlegen
- Korrekturschritt: Spezielle Schriftgröße für Beschriftungen festlegen

Korrekturschritt: Alle Überschriften sollen die gleiche Schriftgröße haben

Dieser Korrekturschritt setzt allerdings voraus, dass alle Überschriften bereits die Schriftart Calibri haben.

Für den Fall, dass alle Überschriften z. B. die Schriftgröße 14 Pt. haben sollen, sieht dann die Maske „Suchen und Ersetzen“ so aus.

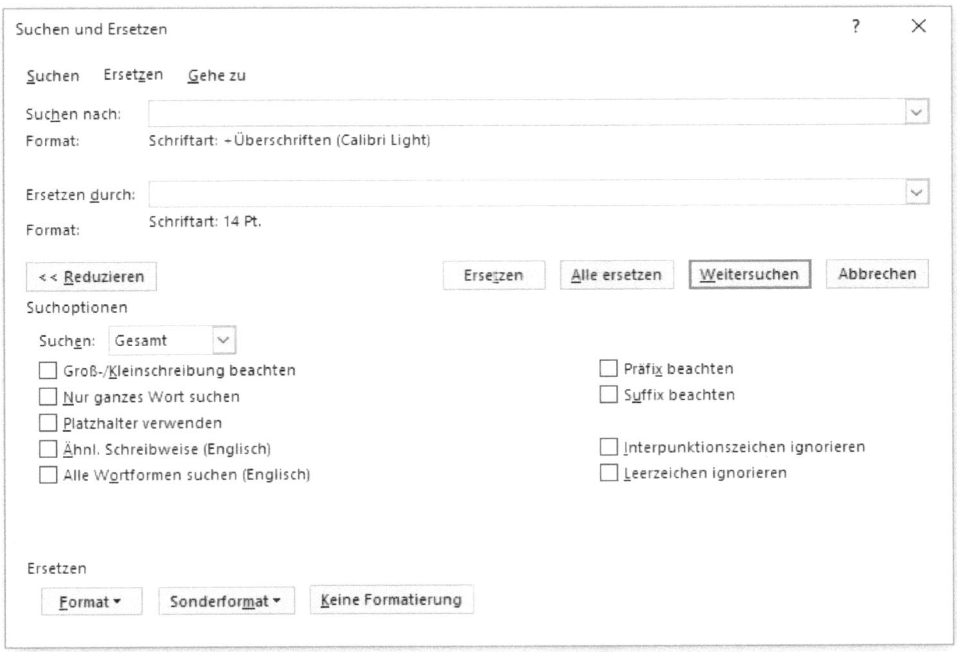

Korrekturschritt: Alle Überschriften der gleichen Überschriftenebene sollen die gleiche Schriftgröße haben

Für den Fall, dass die Überschriften nicht die Schriftart Calibri haben sollten, kann man in Word pro Überschriftenebene die gewünschte Schriftgröße festlegen.

Beispiel: Alle Überschriften der ersten Überschriftenebene sollen die Schriftgröße 16 Pt. haben.

Die Maske „Suchen und Ersetzen" sieht dann in diesem Fall so aus.

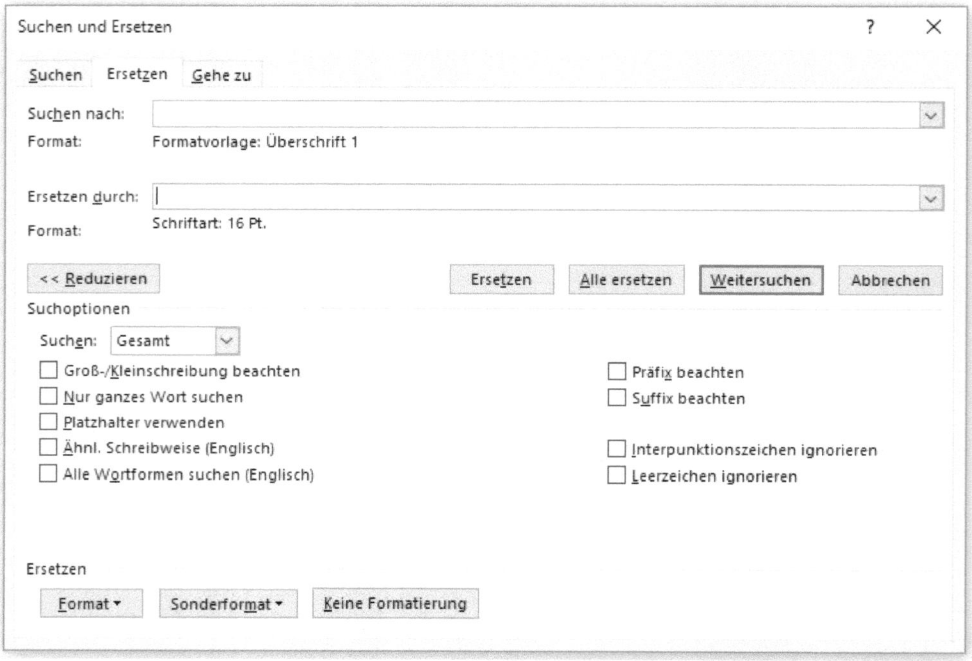

Dieser Korrekturschritt funktioniert natürlich auch dann, falls die Überschriften der ersten Überschriftenebene die Schriftart Calibri haben sollten.

Für die anderen Überschriftenebenen würde man genauso verfahren, bloß dass man dann die „Formatvorlage Überschrift 2" oder die „Formatvorlage Überschrift 3" etc. auswählt.

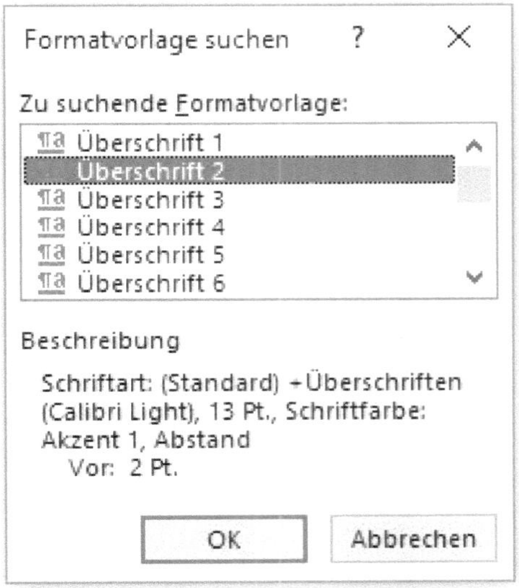

<u>Korrekturschritt: Spezielle Schriftgröße für die Fußnotentexte und die Fußnotennummern festlegen</u>

Beispiel: Alle Fußnotentexte und alle Fußnotennummern sollen die Schriftgröße 8 Pt. haben.

Die Maske „Suchen und Ersetzen" sieht dann in diesem Fall so aus.

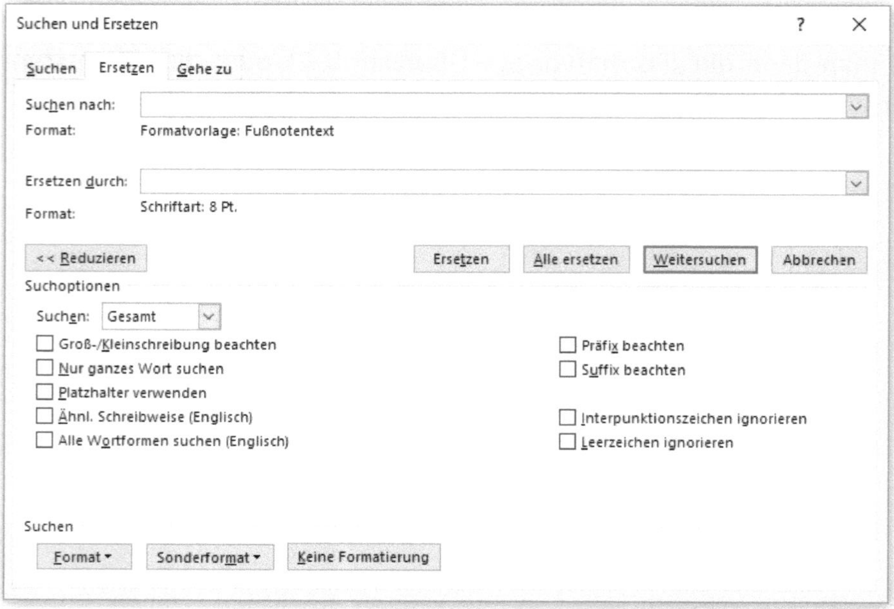

Obwohl hier nur der Fußnotentext erwähnt wird, werden unten im Fußnotenteil neben den Fußnotentexten auch die Fußnotennummern auf eine Größe von 8 Pt. gesetzt. Die Größe der Fußnotenzeichen (Fußnotennummern) im Haupttext bleibt von dieser Änderung unberührt.

Korrekturschritt: Spezielle Schriftgröße für die Fußnotenzeichen (Fußnotennummern) festlegen

Aber auch die Größe der Fußnotenzeichen (Fußnotennummern) im Haupttext kann korrigiert werden.

Dafür suchen Sie das Sonderformat „Fußnotenzeichen“ für das Feld „Suchen nach“ aus.

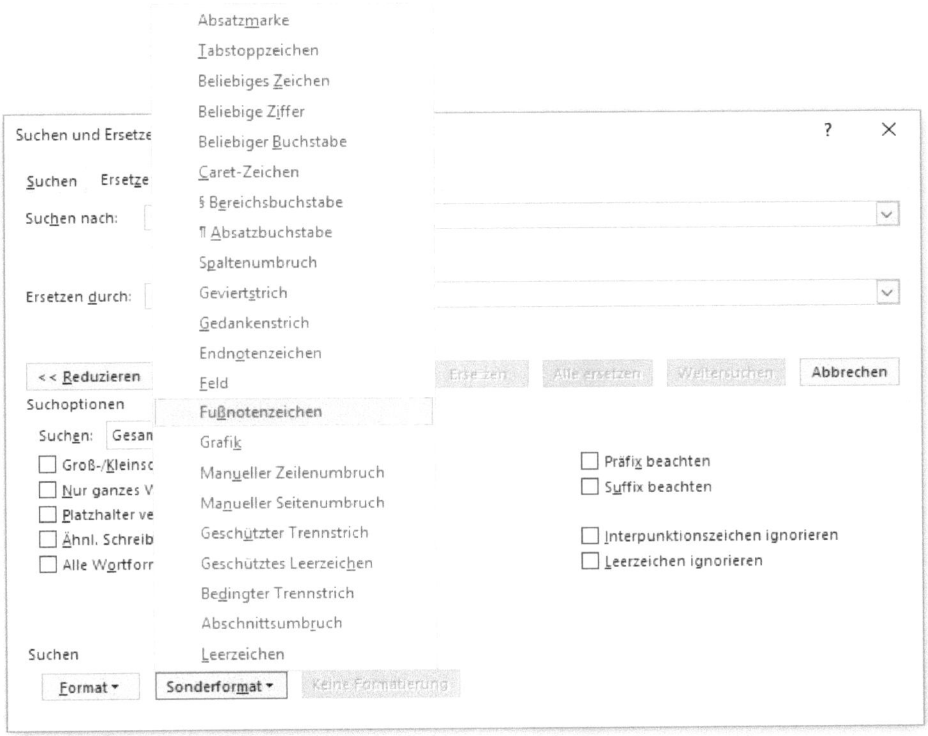

Voraussetzung, dass das Sonderformat „Fußnotenzeichen" überhaupt an dieser Stelle angeboten wird, ist, dass der Cursor im Feld „Suchen nach" steht. Steht der Cursor im Feld „Ersetzen durch" wird bei den Sonderformaten nicht das Fußnotenzeichen angeboten. Die angebotenen Sonderformate für die Felder „Suchen nach" und „Ersetzen durch" sind also nicht identisch.

Beispiel: Alle Fußnotenzeichen (Fußnotennummern) sollen die Schriftgröße 10 Pt. haben.

Die Maske „Suchen und Ersetzen" sieht dann in diesem Fall so aus.

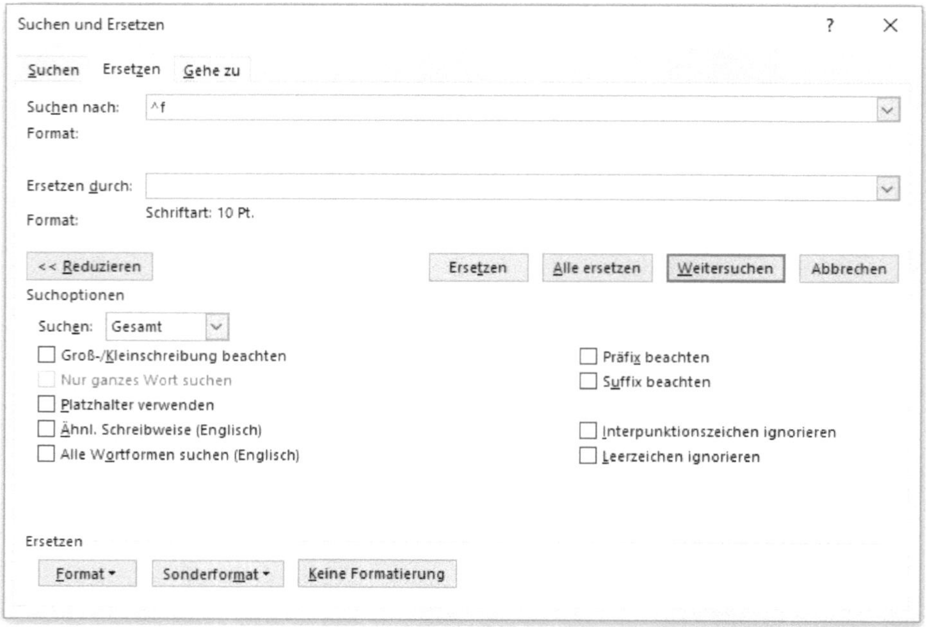

Klickt man jetzt auf den Button „Alle ersetzen", erhalten aber nicht nur die Fußnotennummern im Haupttext die Schriftgröße 10 Pt., sondern auch die Fußnotennummern unten im Fußnotenteil. Auf diese Art und Weise können unten im Fußnotenteil die Größen der Fußnotennummern und Fußnotentexte auseinanderdriften.

Korrekturschritt: Spezielle Schriftgröße für alle Beschriftungen festlegen

Die spezielle Schriftgröße wird dann zugleich für Bildbeschriftungen als auch für Tabellenbeschriftung festgelegt. Das liegt daran, dass die Formatvorlage „Beschriftung" von Word nicht zwischen Bildbeschriftungen und Tabellenbeschriftungen unterscheidet.

Beispiel: Alle Beschriftungen sollen die Schriftgröße 10 Pt. haben.

Die Maske „Suchen und Ersetzen“ sieht dann in diesem Fall so aus.

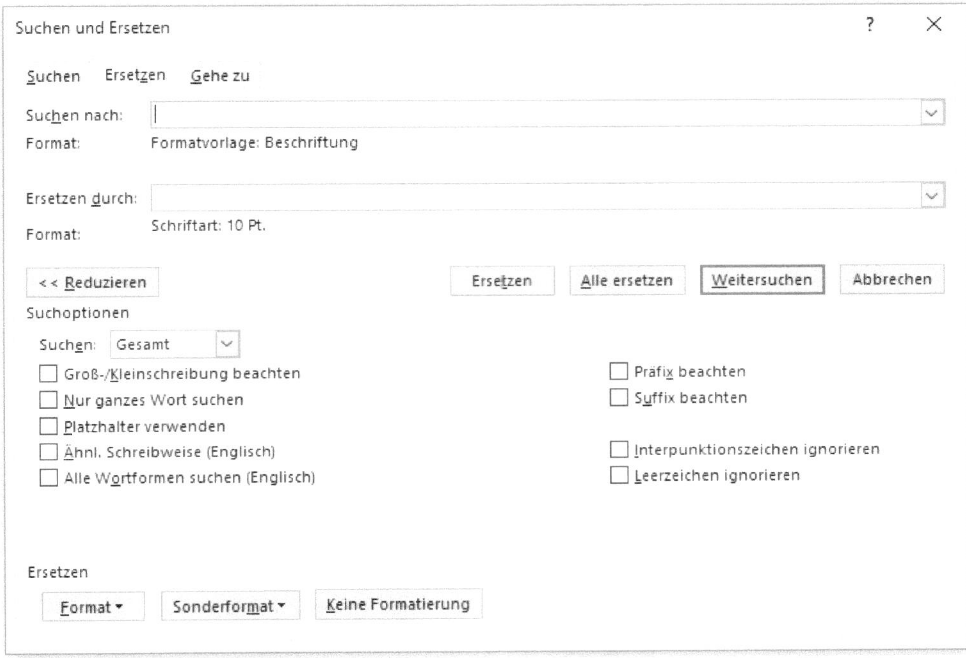

Klickt man jetzt auf den Button „Alle ersetzen“, erhalten alle Bild- und Tabellenbeschriftungen die Größe 12 Pt.

Korrekturschritt: Schriftart und Schriftgröße in einem Schritt vereinheitlichen

Bisher wurden in diesem Buch die Korrekturen von Schriftart und Schriftgrößen getrennt betrachtet. Natürlich lassen sich die Korrekturen von Schriftart und Schriftgrößen in der Maske „Suchen und Ersetzen“ auch kombinieren.

Beispiel: Alle Textarten sollen die Schriftart „Times New Roman“ und die Schriftgröße 11 Pt. erhalten.

Die Maske „Suchen und Ersetzen“ sieht dann bei diesem Korrekturschritt so aus.

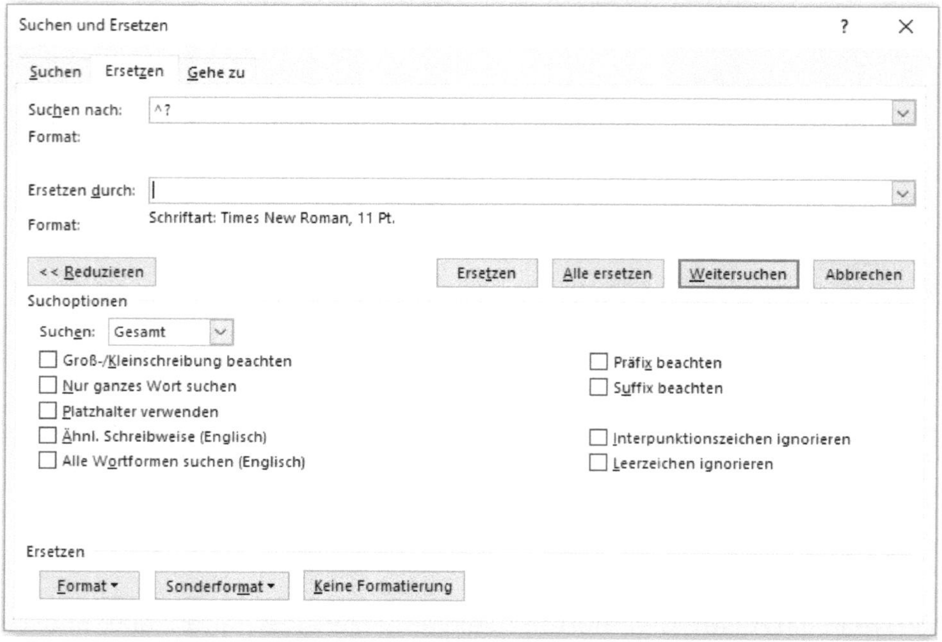

Möchten Sie im Feld „Suchen nach“ diese beiden Zeichen nicht manuell eintippen, gelangen Sie zu dem gleichen Ergebnis, indem Sie Sonderformat „Beliebiges Zeichen“ auswählen.

Klickt man jetzt auf den Button „Alle ersetzen“, haben anschließend alle Überschriften, der Textkörper, die Fußnoten, die Beschriftungen etc. die Schriftart „Times New Roman“ und die Schriftgröße 11 Pt.

Korrekturschritt: Listen in Word vereinheitlichen

Beispiel: Sie haben 2 Listen mit unterschiedlichen Nummerierungen. Vor den Listenelementen von allen Listen soll ein schwarzer Punkt stehen.

a) Liste 1 Listenelement 1
b) Liste 1 Listenelement 2
c) Liste 1 Listenelement 3

I. Liste 2 Listenelement 1
II. Liste 2 Listenelement 2
III. Liste 2 Listenelement 3

Die Maske „Suchen und Ersetzen“ sieht dann in diesem Fall so aus.

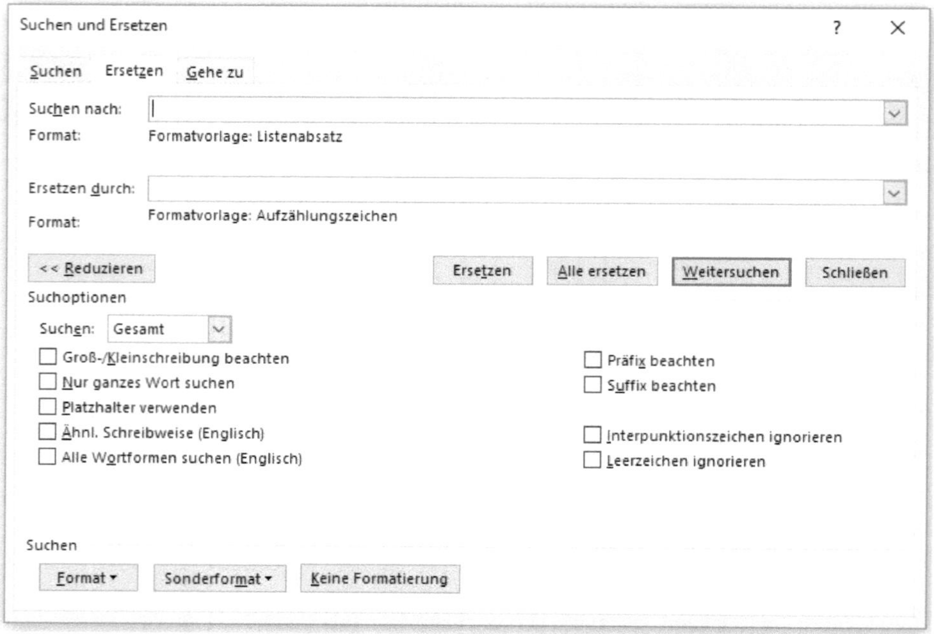

Klickt man jetzt auf den Button „Alle ersetzen“, sehen die Listen anschließend so aus.

- Liste 1 Listenelement 1
- Liste 1 Listenelement 2
- Liste 1 Listenelement 3

- Liste 2 Listenelement 1
- Liste 2 Listenelement 2
- Liste 2 Listenelement 3

Da die beiden Listen hier untereinander stehen, könnte man auch die beiden Listen markieren und dann ohne die Maske „Suchen und Ersetzen“ korrigieren. Dass aber alle Listen in einem Text untereinander stehen, dürfte in einem Text eher die Ausnahme sein.

Korrekturschritt: Bilder in Word zentrieren

Sind nicht wie gewünscht alle Bilder in Ihrem Text zentriert, ist ein Korrekturbedarf vorhanden.

Die Maske „Suchen und Ersetzen“ sieht für diese Korrektur dann so aus.

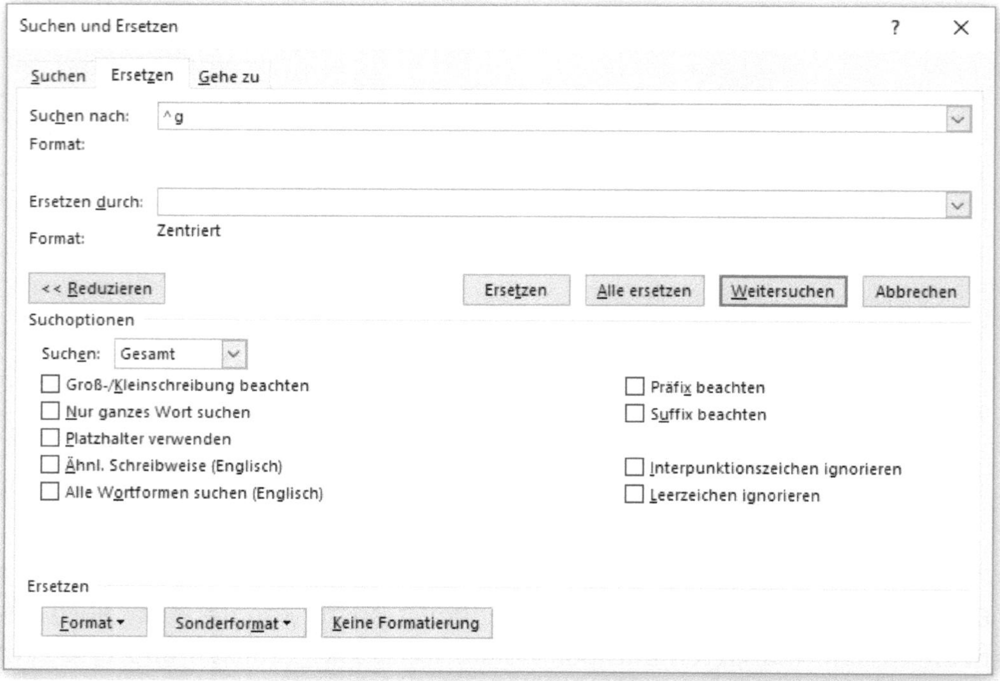

Für das Feld „Suchen nach" wählen Sie den Menüpunkt „Grafik" bei dem Menü „Sonderformat" aus.

Über die Menüfolge „**Sonderformat-Absatz**" können Sie in dem Feld „Ausrichtung" für „Ersetzen durch" den Wert „Zentriert auswählen.

Die Bildbeschriftungen werden durch diesen Korrekturschritt nicht zentriert.

Korrekturschritt: Bildbeschriftungen und Tabellenbeschriftungen zentrieren

Haben Sie sich dafür entschieden, alle Bilder und/oder Tabellen in Ihrem Text zu zentrieren, bietet es sich an, anschließend alle Beschriftungen zu zentrieren.

Da Word bei der Formatvorlage „Beschriftung“ nicht zwischen Bild- und Tabellenbeschriftungen im Standard differenziert, ist es nicht möglich, nur Bildbeschriftungen oder nur Tabellenbeschriftungen zu zentrieren.

Hinzu kommt noch, dass es in Word im Standard nicht möglich ist, alle Tabellen auf einmal zu zentrierten.

Die Maske „Suchen und Ersetzen“ sähe für diese Korrektur dann so aus.

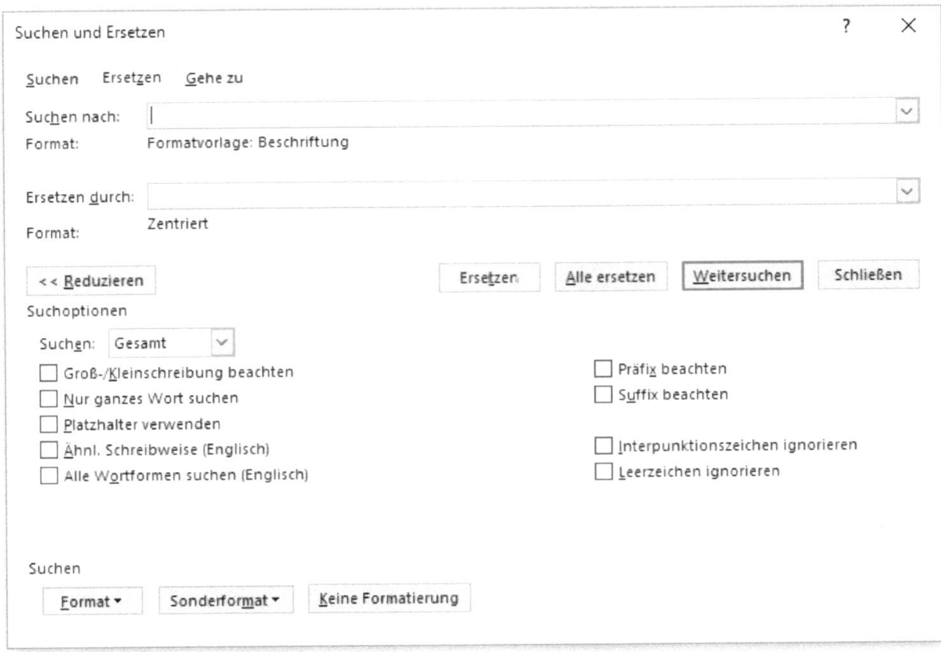

Wenn Sie also nur Bildbeschriftungen oder nur Tabellenbeschriftungen in Ihrem Text haben, dann spielt es keine Rolle, dass die Formatvorlage Beschriftung nicht zwischen Bild- und Tabellenbeschriftungen unterscheidet.

Bilder und Tabellen werden durch diesen Korrekturschritt nicht zentriert.

Korrekturschritt: Überflüssige Absatzmarken entfernen, Leerzeilen beseitigen

Um diesen Korrekturschritt durchzuführen, müssen natürlich die Absatzmarken in Word eingeblendet sein (siehe Kapitel „Absatzmarken in Word einblenden").

Solange man sich nur in Word bewegt, sind 2 Absatzmarken hintereinander vielleicht noch in Ordnung. Aber spätestens bei der Erstellung eines E-Books oder bei der Erstellung eines Buches hemmen, die dadurch geschaffenen Zwischenräume, den Lesefluss. Die Zwischenräume sind einfach zu groß. Aber auch bei diesem Korrekturschritt entscheiden auch Sie, wie viele Absatzmarken Ihr Text haben soll.

Hier ein Beispiel mit 3 aufeinanderfolgenden Absatzmarken.

Nach·diesem·Satz·sind·3·Absatzmarken.¶

¶

¶

Wenn Sie in der Maske auf den Button „Sonderformat" klicken, können Sie den Menüpunkt „Absatzmarken" auswählen.

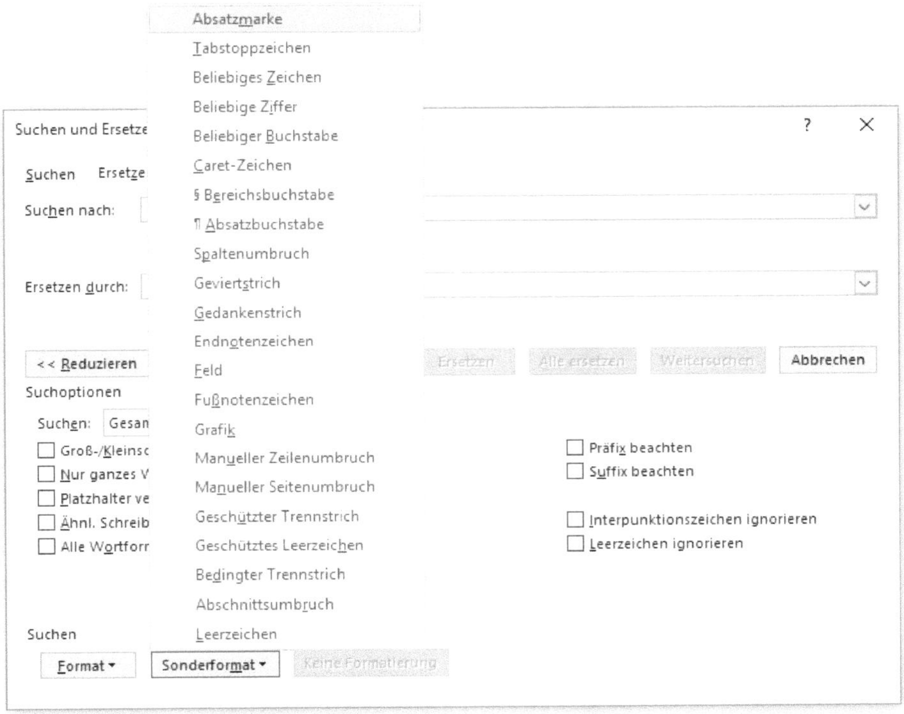

Diese kleine Übung führen Sie für das Feld „Suchen nach“ zweimal und für das Feld „Ersetzen durch“ einmal aus.

Letztendlich ist die Maske „Suchen und Ersetzen“ dann so gefüllt.

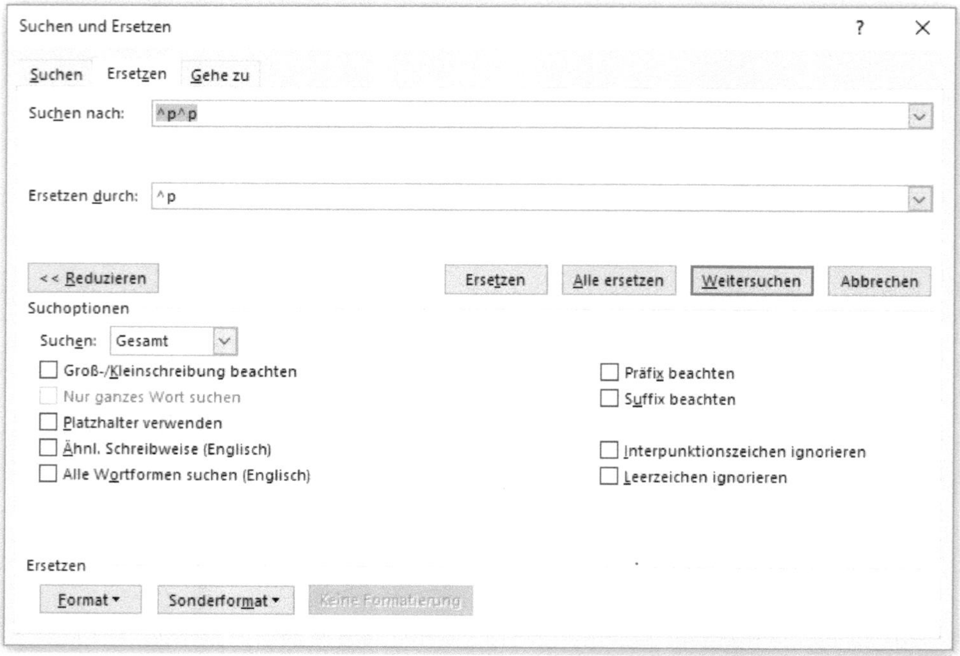

Bei diesem Korrekturschritt ersetzen Sie 2 Absatzmarken durch eine Absatzmarke. Das führt dann dazu, dass nach dem Satz statt bisher 3 Absatzmarken nur noch 2 Absatzmarken vorhanden sind.

Nach·diesem·Satz·sind·3·Absatzmarken.¶

¶

Dieser Satz stimmt also inhaltlich nicht mehr.

Sind Ihnen 2 Absatzmarken hintereinander immer noch zu viel, führen Sie diesen Korrekturschritt noch einmal durch.

Sie können natürlich auch mit nur einem Korrekturschritt 3 Absatzmarken auf eine Absatzmarke reduzieren.

In diesem Fall würde dann die Maske „Suchen und Ersetzen“ so aussehen.

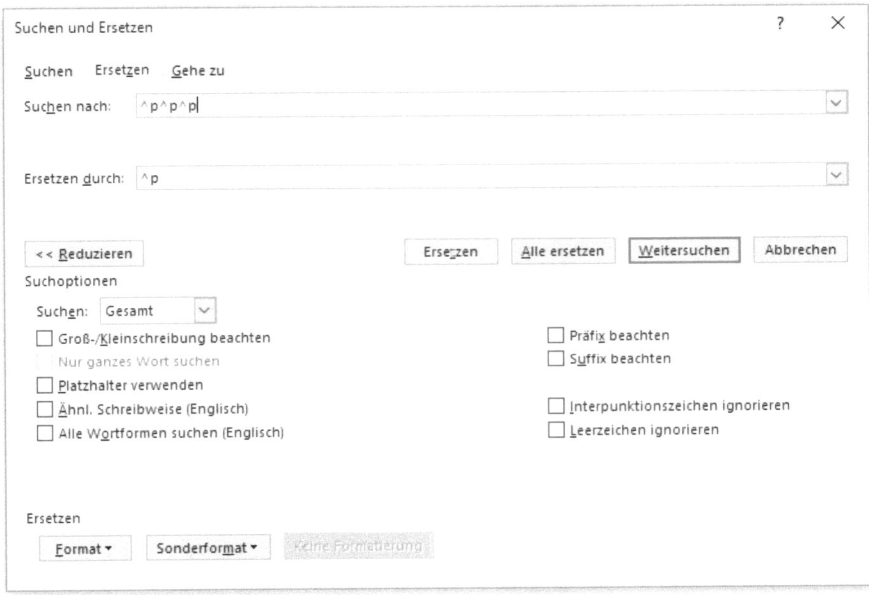

Allerdings gelingt es Ihnen mit diesem Korrekturschritt nicht, 2 Absatzmarken zu einer Absatzmarke zu verdichten.

Wie störend 2 Absatzmarken bei einem E-Book sein können, können Sie dadurch testen, indem Sie sich Ihr E-Book vor der Veröffentlichung z. B. mit dem kostenlosen Programm „Adobe Digital Editions“ anschauen.

Auch bei den Anbietern von Printing-on-Demand gibt es in der Regel die Möglichkeit vor der Veröffentlichung zu prüfen, ob der Text zu viele Absatzmarken enthält.

Mit der Entfernung von Absatzmarken lässt sich übrigens der Mindestverkaufspreis senken oder es lässt sich der Gewinn pro Papierbuch erhöhen.

Beispiel:

Bei einem Manuskript mit 502 Seiten verringerte sich die Anzahl der Seiten nach der Beseitigung von Leerzeilen auf 425 Seiten. Dadurch reduzierten sich die Druckkosten für ein Hardcover mit Format „DIN A4 hoch“ von 37,63 EUR auf 33,11 EUR. Die Beispieldaten sind von epubli.

Die Einfügung einer Leerzeile unter jede der über 400 Überschriften erhöhte die Seitenzahl von 425 Seiten auf 431 Seiten. Das ist eine Zunahme von weniger als 2 %.

Allerdings sollte man bei der Entfernung von Absatzmarken nicht übertreiben. Ich denke schon, dass eine Leerzeile unter jeder Überschrift angebracht ist.

Korrekturschritt: Blocksatz

Epubli schreibt zum Blocksatz:

Die Standardformatierung in Büchern ist der Blocksatz. Viele Leser sind durch Zeitungen und Bücher an den Blocksatz gewöhnt und empfinden daher linksbündigen Text als neu und ungewohnt.

Beim Blocksatz entstehen durch die unterschiedlichen Wortzwischenräume gleich lange Zeilen. Andere dagegen empfinden gerade die unterschiedlichen Wortabstände im Blocksatz als unharmonisch. Zumal ein linksbündiger Text durch die unterschiedlichen Zeilenlängen lebendiger und persönlicher wirkt.

Ich persönlicher finde es angenehmer, (erstmal) einen Text linksbündig zu schreiben. Wie der folgende Screenshot zeigt, kann ich nach Fertigstellung des Textes immer noch in Word auf Blocksatz umstellen.

Dabei wird für die Felder „Suchen nach“ und „Ersetzen durch“ über die Menüfolge „**Format-Absatz**“ die gewünschte Ausrichtung eingestellt.

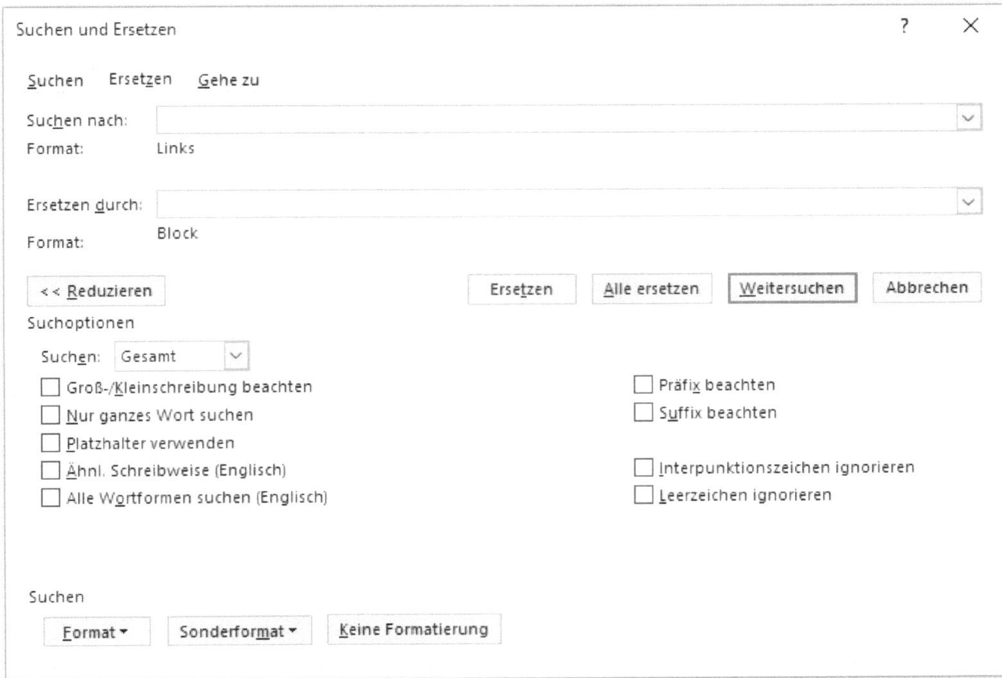

Wenn Sie jetzt auf den Button „Alle ersetzen“, erhält alles, was vorher linksbündig war, einen Blocksatz.

Überschriften, Textkörper, Bilder, Tabellen, Beschriftungen, Fußnoten. Listenelemente etc. ist der Blocksatz zugewiesen worden.

Die Tabellen sind aber linksbündig geblieben.

Möchten Sie vom Blocksatz zu dem linksbündigen Format wechseln, dann tauschen Sie einfach die Ausrichtungen in den Feldern „Suchen nach“ und „Ersetzen durch“ aus.

Natürlich geht es auch eine Nummer kleiner, wenn Sie mit der Schriftart Calibri arbeiten.

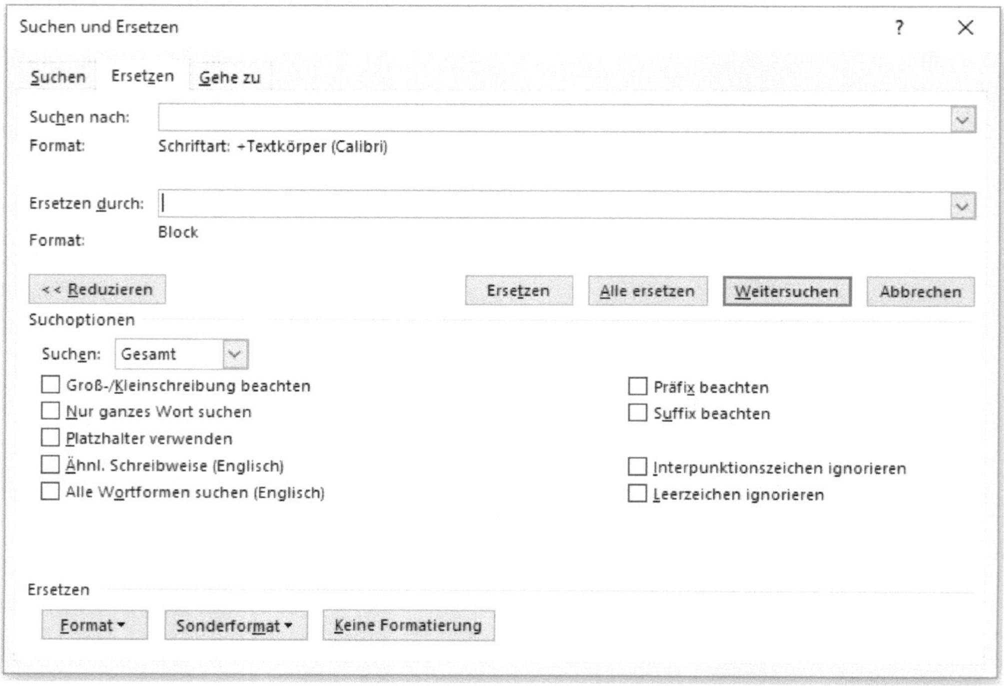

Bilder, Tabellen und Überschriften sind linksbündig geblieben. Der Text, die Beschriftungen und die Fußnoten haben jetzt Blocksatz.

Bei den Texten in Tabellen kann der Blocksatz aber unvorteilhaft aussehen.

Beispiel:

Ein·Klick·auf·Germinal·war· nicht·möglich.¤	https://www2.germinal.de/¤
Ein·Klick·auf·höbu· war·nicht·möglich¤	https://www.hoebu.de/¤

Stellt man hier den Text auf linksbündig um oder auf linksbündig zurück, sieht das dann so aus.

Ein·Klick·auf· Germinal· war·nicht· möglich.¤	https://www2.germinal.de/¤
Ein·Klick·auf· höbu·war· nicht· möglich¤	https://www.hoebu.de/¤

Ich finde, das sieht besser als Blocksatz aus.

Folgt man meiner Meinung, kann man hier pro Tabellen den Text von „Block“ auf „Link“ zurückstellen, indem man vorher den Text bzw. die Texte in der Tabelle markiert.

Kostenlose Online-Rechtschreibprüfungen im Test

Nachdem Ihr Text die Rechtschreib- und Grammatikprüfung von Word durchlaufen hat und Sie auch die in diesem Buch empfohlenen Korrekturschritte durchgeführt haben, könnte man daran denken, noch zusätzlich den Text in eine kostenlose Online-Rechtschreibprüfung zwecks weiterer Fehlersuche zu kopieren. Sie brauchen dafür kein zusätzliches Programm zu installieren und es geht schnell.

Zur besseren Übersicht eine Tabelle mit 14 Anbietern von kostenlosen Online-Rechtschreibprüfungen. Wie bei Listen üblich, wird kein Anspruch auf Vollständigkeit erhoben.

Diese kostenlosen Online-Rechtschreibprüfungen finden natürlich nicht nur Rechtschreibfehler, sondern auch z. B. Grammatikfehler.

Getestet hatte ich diese 14 kostenlosen Online Rechtschreibprüfungen mit einem Text mit circa 223 Seiten. Dieser Text hatte keine Bilder, aber 2 Tabellen. 223 Seiten entsprachen bei diesem Beispieltext ungefähr 298.000 Zeichen (ohne Leerzeichen).

Die beiden folgenden Tabellen sind das Ergebnis der Splittung einer Tabelle. Die von mir erstellte Tabelle wurde von mir aufgeteilt, damit in den Zellen kein Zeilenumbruch notwendig ist und die Tabellen mit einer angenehmen Schriftgröße präsentiert werden können.

Name der Rechtschreibprüfung	URL der Online-Rechtschreibprüfung
Rechtschreibprüfung24	https://rechtschreibpruefung24.de/
Duden Betaversion	https://www.duden.de/rechtschreibpruefung-online
Language Tool	https://languagetool.org/de/
Korrekturen.de	https://www.korrekturen.de/rechtschreibpruefung.shtml
OnlineKorrektor.de	https://www.onlinekorrektor.de/
SpellBoy	https://www.spellboy.com/rechtschreibpruefung/
online-spellcheck.com	https://www.online-spellcheck.com/de/
Korrektur.org	https://www.korrektor.org/rechtschreib-pruefung/
Canoo.net	http://www.canoo.net/services/GermanSpellingChecker/Controller
BlaBlaMeter	http://www.blablameter.de/
Rechtschreibprüfung.de	https://www.rechtschreibprufung.de/
Rechtschreibung-prüfen.de	https://www.rechtschreibung-pruefen.de/
Plagiarisma	http://plagiarisma.net/de/spellcheck.php
Google	https://googleseo.de/rechtschreibpruefung

Hier nochmal die Namen der 14 kostenlosen Online Rechtschreibprüfungen jeweils mit einem Kurzkommentar hauptsächlich zur Anzahl der möglichen Zeichen.

Name der Rechtschreibprüfung	Kurzkommentar
Rechtschreibprüfung24	Begrenzung auf maximal 20.000 Zeichen
Duden Betaversion	Begrenzung auf maximal 800 Zeichen
Language Tool	Begrenzung auf maximal 20.000 Zeichen
Korrekturen.de	keine Rückmeldung
OnlineKorrektor.de	Aus unbekanntem Grund konnte Ihre Datei nicht verarbeitet werden.
SpellBoy	Begrenzung auf maximal 20.000 Zeichen
online-spellcheck.com	keine Zeichenbegrenzung erkennbar
Korrektur.org	keine Rückmeldung
Canoo.net	unklar, ob und inwieweit hier eine Zeichenbegrenzung vorliegt
BlaBlaMeter	Begrenzung auf maximal 15.000 Zeichen
Rechtschreibprüfung.de	keine Rückmeldung nach 20 Minuten
Rechtschreibung-prüfen.de	Meldung: An error was entcountered on the server
Plagiarisma	kreiert selber Rechtschreibfehler
Google	Begrenzung auf maximal 20.000 Zeichen

20.000 Zeichen (inklusive Leerzeichen) sind bei einer Schriftgröße von 12 pt circa 7,5 Seiten in Word. Bei dieser groben Betrachtung habe ich mir nicht die Mühe gemacht, herauszufinden, ob die Zeichenbegrenzungen der Online-Rechtschreibprüfungen Leerzeichen mitzählen.

Bevor ich jetzt auf einige der Online Rechtschreibprüfungen näher eingehe, hier noch ein paar allgemeine Anmerkungen.

Ich denke, es ergibt keinen Sinn, darauf einzugehen, welche Fehler bei Rechtschreibprüfungen gemeldet werden, die keine Fehler sind. Das „bieten" nämlich alle Rechtschreibprüfungen an, in der guten Absicht dem Autor helfen zu wollen. Diese sinnlosen Fehlermeldungen fangen bei Eigennamen wie „Jutoh" an, gehen dann bei englischsprachigen Wörtern und Sätzen weiter und erstrecken sich schnell auf andere Teile des Manuskriptes.

Mit etwas Übung überfliegt man diese ungerechtfertigten Hinweise in Windeseile.

Der eigentliche Ertrag einer kostenlosen Online-Rechtschreibprüfung liegt darin, dass man automatisiert auf Fehler hingewiesen wird, die man mit den Augen - wenn überhaupt – nur mit einem größeren Aufwand hätte entdecken können.

Duden Betaversion

Da die Rechtschreibprüfung über den Duden läuft, ist das bestimmt qualitativ die beste Rechtschreibprüfung von allen kostenlosen Online-Rechtschreibprüfungen.

Bei einer Schriftgröße von 12 pt sind übrigens 800 Zeichen ungefähr 146 Wörter oder ungefähr ein Drittel einer Wordseite. Selbst eine

Kurzgeschichte dürfte länger sein. Aber für einen kurzen Witz dürften 800 Zeichen reichen.

Daneben gibt es noch den Duden-Mentor mit 1500 Zeichen und Synonymvorschlägen. Für den Duden-Mentor muss man sich anmelden. Da ich mit Registrierungen schlechte Erfahrungen gemacht habe, habe ich den Duden-Mentor nicht ausprobiert. Zumal meine Texte in der Regel wesentlich länger als 1500 Zeichen sind.

online-spellcheck.com

Ein Manuskript mit circa 223 Seiten, das ungefähr 298.000 Zeichen hat und 2 Tabellen beinhaltet, konnte online-spellcheck.com verarbeiten. Dauer des Vorgangs circa 5 Minuten.

Den von online-spellcheck.com verarbeiteten Text kann man als PDF-Datei und/oder als reine Textdatei herunterladen. Allerdings gehen dann in beiden Fällen die Hinweise (rote, grüne und orangene Farbe) von online-spellcheck.com verloren.

Die Online-Darstellung von online-spellcheck.com mit seinen Hinweisen ist aber übersichtlich genug, um damit am Bildschirm arbeiten zu können.

```
5707  z. B. wenn man das Manuskript in ein E-Book Format
5708  übersetzt und sich das E-Book dann in einem
5709  Betrachtungsprogramm anschaut.
5710  So sieht das dann im Betrachtungsprogramm „Adobe digital
      Editions" aus, wenn eine Registrierung unterbleiben ist.
```

Die Angabe von Zeilennummern ist nützlich, da man dann wenigstens ungefähr weiß, in welchem Teil des Manuskriptes man sich befindet.

Zeilennummer können übrigens in Word hier eingestellt werden.

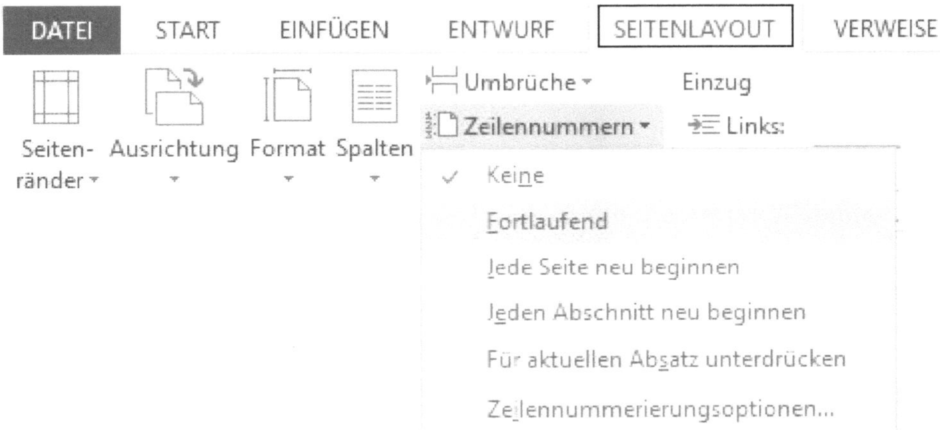

5706 Bei·Benutzung·der·Menüfolge·„**Ansicht-Einstellungen**"··und·einem·anschließendem·Klick·auf·
5707 „Hilfsprogramme"·bietet·Jutoh·Ihnen·diese·Maske·an.¶

Die Zeile 5707 ist also nicht identisch mit der Zeilennummer von online-spellcheck.com. Wie gesagt, man weiß über die Zeilennummer von online-spellcheck.com nur ungefähr, in welchem Teil des Manuskriptes man sich befindet.

Das verarbeitete Manuskript erhält von online-spellcheck.com eine eigene URL.

Beispiel:

https://www.online-spellcheck.com/de/result/aa6db4fa55eb0ca46068d3ad2e8d058a0b628779

Auch wenn es sehr unwahrscheinlich ist, dass jemand anderes die URL für Ihr Manuskript aufruft, würde ich auf „Diese Datei jetzt löschen." klicken, nachdem Sie das von online-spellcheck.com verarbeitete Manuskript ausgewertet haben.

Von online-spellcheck.com gefundene Fehler, die Word nicht entdeckt hatte(Beispiele)

Ich möchte mich hier auf circa 25 Beispiele beschränken. Die hier beispielhaft angeführten Satzteile werden nicht in Ihrem Text vorkommen. Aber vielleicht kommen die in Satzteilen enthaltenen Fehler so oder so ähnlich in ihrem Text vor? Selbst wenn nicht, bleibt als Kernbotschaft erhalten:

- Das kostenlose online-spellcheck.com findet Fehler, die Word nicht entdeckt.

Hier die circa 25 Beispiele:

biete ich hier einen groben Leitfadens für das Buch an.

, nach einem Klick auf die Schaltfläche

bei der Erstellung des Tabellenverzeichnisse eine Rolle gespielt hätte.

ob es sich um eine Bildbeschriftung oder um einen Tabellenbeschriftung handelt.

des Abschnitttitels

Manuskript in eine E-Book Format übersetzet wird

Wer direkt vom alphabetischen Index auf die Indexeintrag

anschließend die Menüfolge „Format-Aufzählungen und Nummerierungen " aus.

bietet Jutoh Ihnen die Maske „Tabellen einfügen'“ an.

Eine Tabelle in Jutoh mit einer Tabellenvorlagen von Jutoh erstellen

Diese Maske mi diesen Einstellungsmöglichkeiten

wenn diese beiden Grenzwerte überschritten werden.-

Menüfolge „Buch- aktualisierte Bilder importieren“

Hier ein Fundstelle für Wörterbücher, die man herunterladen kann.

haben ich sich bei einer erneuten Übersetzung des

indem ich die Menüfolge „Ansicht- Einrichtungsassistent“ benutze

die einzige Überschrift mit Format „Heading 1 „ist,

Händlerbei

in diesen E-Book

Siehe dazu das Kapitel „Über 140 E-Book Shops“)

warum die Abrechnung dennoch stimmt-

als erstes

weitverbreitetste

in das ePub-- und in das Mobi-Format an

irgendwie mus das Gerät

.dass es aber Windows Autoren so schwer

Selbst wenn ich diese Satzteile - ohne Einbindung in einen Text – isoliert in Word einstelle, findet Word nur 5 der circa 25 Fehler.

Hier noch eine Fehlerart, die online-spellcheck.com, aber nicht Word, findet. Am Satzende wird der Punkt vergessen.

Beispiel:

Alle 7 Beschriftungen sind linksbündig

Das ist das, was ich an online-spellcheck.com – trotz seiner vielen Falschmeldungen – so liebe. Diese kleinen Tippfehler, die Word nicht bei meinen Testmanuskripten entdeckt hatte. Hätten Sie alle diese Tippfehlerbei Ihrer „Augenprüfung" Ihres Textes entdeckt und auch so schnell?

Auf Grund meiner Tests ist online-spellcheck.com ganz klar mein Favorit.

- Keine Begrenzung auf z. B. 20.000 Zeichen
- Angabe einer Zeilennummer
- findet Fehler, die Word nicht findet

Dennoch im Folgenden ein paar Anmerkungen zu einigen der anderen Online-Rechtschreibprüfungen. Zumal Sie sich ja nicht an meine Empfehlung halten müssen.

canoo.net

Bei canoo.net setze ich natürlich das gleiche Manuskript (circa 223 Seiten bzw. 298.000 Zeichen, 2 Tabellen) ein, das ich bei online-spellcheck.com verwendet habe.

Dazu kopiere ich in das Überprüfungsfenster bei canoo.net das Manuskript.

Sofort setzt canoo.net unter einige Textteile eine rote Wellenlinie. „Sofort" bedeutet, dass ich nicht vorher auf den Button „Prüfen" klicken musste.

Auf diese Art und Weise finde ich Rechtschreibfehler im engeren Sinne, aber nicht die schwer zu entdeckenden Tippfehler (siehe z. B. die Tabelle oben).

Aber nun gut, es gibt ja noch den Button „Prüfen" auf den ich nun klicke.

Nach circa 2 Minuten erhalte ich folgende Rückmeldungen (Teilsicht).

Anzahl betroffene Wörter 124, davon sind:

Richtig (104)	**Falsch (20)**	**Unbekannt (499)**
Folgende Wörter sind von der Rechtschreibreform **betroffen** und **entsprechen** der gewählten Schreibweise.	Folgende Wörter sind von der Rechtschreibreform **betroffen** und **widersprechen** der gewählten Schreibweise.	Folgende Wörter sind im Canoo Wörterbuch **nicht enthalten** und sind möglicherweise **Schreibfehler**.
Anlass	Mit Hilfe	AZARDI
Autorenfoto	**Photoshop**	Abbildungs
(autor + en + foto)	(Photo + shop)	Again
Backup	So dass	Aldiko
Buchumriss	Soweit	Alignment
(buch + umriss)	TIP	Amazon
Dafür kann	Tip	AmazonKindlePublishingGuidelines
Dafür stehen	Wieviel	Amazons
Dass	as	Apple
Einfluss	daß	Aria
Endnotennummerierung	entries	Articles
(end + note + n + nummerierung)	letztere	Author
(end + not + en + nummerierung)	letzteren	Avoid
Fußnotennummerierung	miss	BMP
(fußnote + n + nummerierung)	muss	BOD
(fußnot + en + nummerierung)	muß	Bibliography
Grafik	soweit	Black
Grafiken	stop	Blackberry
Indices	wieviel	Blio
Indizes	übrigbleiben	Blue
Layout	übriggeblieben	Bluefire
Lässt		Book
Missverständnissen		BookRix
Mit Hilfe		Books
Neunummerierung		But
(neu + nummerierung)		CS
Nochmal		CSS

Mit „Anzahl betroffene Wörter 124 davon sind“ kann ich nichts anfangen, da das Manuskript über 50.000 Wörter hat.

Davon abgesehen war die Ausbeute bei online-spellcheck.com klar besser.

Zudem ist völlig unklar, wo sich die Treffer für „Richtig“, „Falsch“ oder „Unbekannt“ im Manuskript befinden.

Klickt man z. B. auf „übriggeblieben“, gelangt man nicht auf eine bestimmte Stelle im Manuskript, sondern man erhält diese Sicht.

Regel (Adjektiv + Verb)
a) Trennbare Verbindungen von einem einfachen Adjektiv mit einem untrennbaren Verb schreibt man zusammen, wenn die Verbindung eine neue, idiomatisierte Gesamtbedeutung hat. Wenn keine klare Entscheidung getroffen werden kann, ob eine Verbindung eine neue, idiomatisierte Gesamtbedeutung hat, ist Zusammen- und Getrenntschreibung möglich.

b) Trennbare Verbindungen von einem einfachen Adjektiv und einem untrennbaren Verb, in denen das Adjektiv das Resultat des Verbvorganges ausdrückt, können sowohl zusammen- als auch getrennt geschrieben werden.

Überblick:

Schreibung	Art der Verbindung
Nur zusammen	Neue, idiomatisierte Gesamtbedeutung
Zusammen und getrennt	Unklar ob idiomatisierte oder wörtliche Bedeutung
Zusammen und getrennt	Adjektiv drückt Resultat des Verbvorgangs aus
Nur getrennt	Alle anderen Adjektiv-Verb-Gruppen inkl. Verbindungen mit komplexen Adjektiven oder trennbaren Verben

937 von der Regel betroffene Einträge im Canoo Wörterbuch
Seite: ◀ 81 82 83 84 85 86 87 88 89 90 ▶ Seitengröße: 10 anzeigen

übrigbleiben	übrig bleiben
übrigbleiben	übrig bleiben
übrig haben	übrighaben
übrig habend	übrighabend
übriglassen	übrig lassen
übriglassen	übrig lassen
verloren geben	verlorengeben
verloren gebend	verlorengebend
verlorengegangen	verloren gegangen
verloren gegeben	verlorengegeben

(Siehe Zusammenschreibung, Getrenntschreibung)
(Amtliches Regelwerk: §34 2.1, §34 2.2, §34 E5, §34 2.3)

Bei meinem Test funktionierte der Button „Löschen“ nicht. Ich habe dann im Überprüfungsfenster den Text markiert und anschließend die Taste „Entf“ gedrückt.

BlaBlaMeter

Bei BlaBlaMeter setze ich natürlich das gleiche Manuskript (circa 223 Seiten bzw. 298.000 Zeichen, 2 Tabellen) ein, das ich bei online-spellcheck.com verwendet habe.

Dazu kopiere ich in das Überprüfungsfenster bei BlaBlaMeter das Manuskript.

Ich erhalte von BlaBlaMeter diese Rückmeldung, nachdem ich auf den Button „Text testen“ geklickt habe.

Damit ist auch klar, dass BlaBlaMeter für maximal 15.000 Zeichen eine Benotung abgeben kann.

BlaBlaMeter ist also keine klassische Rechtschreibprüfung, da man hier keine Korrekturvorschläge erhält.

plagiarisma.net

Bei plagiarisma.net setze ich natürlich das gleiche Manuskript (circa 223 Seiten bzw. 298.000 Zeichen, 2 Tabellen) ein, das ich bei online-spellcheck.com verwendet habe.

Dazu kopiere ich in das Überprüfungsfenster bei plagiarisma.net das Manuskript.

Nach circa 2 Minuten erhalte ich schon ein Ergebnis.

Da muss ich erstmal den Browser auf z. B. 175 % einstellen.

Die Ergebnisse sind so unbrauchbar, dass ich mir nur Teile des Vorwortes bei plagiarisma.net angeschaut habe und anschließend die Registerkarte beim Browser geschlossen habe.

<u>Wie viele Fehler sind in einem Text noch zulässig?</u>

Da weder die Korrektorate (siehe Kapitel „Keine Garantie für Fehlerfreiheit") noch dieses Buch Ihnen eine Garantie für völlige Fehlerfreiheit geben können, stellt sich die Frage, wie viele Fehler in einem Text noch zulässig sind.

Diese Frage wird selbst von Lektoraten/Korrektoraten unterschiedlich beantwortet.

»Immer mehr Verlage sparen sich separate Korrektoratsgänge, und nur wenige leisten sich den ›Luxus‹ einer Schlusskorrektur. Dies geht immer zulasten der Qualität, und so erklären sich häufige Fehler in ansonsten inhaltlich guten Büchern.«

Bei einem einfachen belletristischen Text mit einem einfachen Lektorat sind drei Fehler pro Seite nach dem Lektorat (und vor der Korrektur) sicher zu viel. Ein Fehler alle drei Seiten kommt da schon eher hin.
Aber selbst ein Fehler pro Seite kann bei einem Lektorat, das intensive Textarbeit umfasste, also Änderungen in Struktur/Aufbau, Stil und Figurenzeichnung, noch als akzeptabel gelten.

..wenn nach Abschluss der Korrekturen nicht mehr als durchschnittlich ein Fehler im beschriebenen Sinne pro drei Seiten nachweisbar ist.

Unbesehen davon gilt die Leistung des Korrektorates/ Lektorates auch dann noch als erfolgreich erbracht, wenn nach Abschluss der Korrekturen/Lektoratsarbeiten durchschnittlich nicht mehr als 2 Fehler (Rechtschreibung, Zeichensetzung und Grammatik) auf vier Seiten nachweisbar sind

Einige Anbieter haben in ihren AGB definiert welche Fehlertoleranz hingenommen werde muss z.B. "gilt die Leistung des Korrektorates auch dann noch als erfolgreich erbracht, wenn nach Abschluss der Korrekturen durchschnittlich nicht mehr als ein Fehler (Rechtschreibung, Zeichensetzung und Grammatik) auf vier Seiten nachweisbar ist".

Um neutral zu bleiben, habe ich hier auf die Quellenangaben verzichtet.

Hier noch eine Meinung von einer Landesschulbehörde:

Als Richtwerte sollen gelten: Abzug eines Punktes bei durchschnittlich fünf Fehlern auf einer in Normaler Schriftgröße beschriebenen Seite; Abzug von zwei Punkten bei durchschnittlich sieben und mehr Fehlern auf einer in normaler Schriftgröße beschriebenen Seite.

Wer jetzt noch nicht entspannt ist, dem hilft vielleicht endgültig dieses Zitat weiter.

Da in Foren immer wieder von empörten Autoren zu lesen ist, in deren Texten auch nach dem Korrekturlesen oder Lektorieren noch Fehler zu finden sind, sei hier noch einmal ausdrücklich betont: Wirklich fehlerfreie Texte gibt es nicht.

Professionelle Korrektoren und Lektoren schreiben das häufig auch in ihre Verträge.

Da man auch von Ihnen nicht verlangen kann, dass Ihr Text völlig fehlerfrei ist, lassen Sie sich also nicht von andern Leuten ins Bockshorn jagen. Auch die können für ihre Texte keine Fehlerfreiheit garantieren. Wenn Sie alle Register gezogen haben – eventuell sogar unter Einschaltung eines Korrektors – dürften nicht mehr viele Fehler in Ihrem Text enthalten sein.

Ist Ihr Text am Ende sogar fehlerfrei, umso besser.

Schlusswort

In meinem Schlusswort möchte ich mich auf einen Satz aus dem Vorwort beziehen.

Jeder in diesem Buch vorgestellte Korrekturschritt ist zugleich eine Anregung, nach welchem Fehler man suchen könnte.

D. h. Sie entscheiden, welche Prüfungsschritte Sie durchführen. Das können natürlich auch Prüfungsschritte sein, die in diesem Buch nicht erwähnt sind. Sie kennen auf jeden Fall Ihre Fehlerarten besser als ich.

Ziel ist es nicht, so viele Prüfungsschritte wie möglich durchzuführen, sondern die Anzahl der Fehler im Text auf ein Minimum zu reduzieren.

Sie entscheiden auch, welche Software Sie einsetzen, um Fehler im Text zu finden. Das gilt natürlich auch für die Benutzung von Online-Rechtschreibprüfungen.

Für dieses Buch hatte ich – soweit es einen Sinn ergab – alle Korrekturschritte durchgeführt und bin dabei auch meinen anderen Empfehlungen gefolgt.

Jeder Leser kann sich ein Bild machen, wie viele Fehler (trotzdem) noch übriggeblieben sind.

Literaturempfehlungen

E-Book Distributoren, E-Book Shops, E-Book Themen: Eine Entscheidungshilfe mit 90 Abbildungen und mit über 500 weiterführenden Links

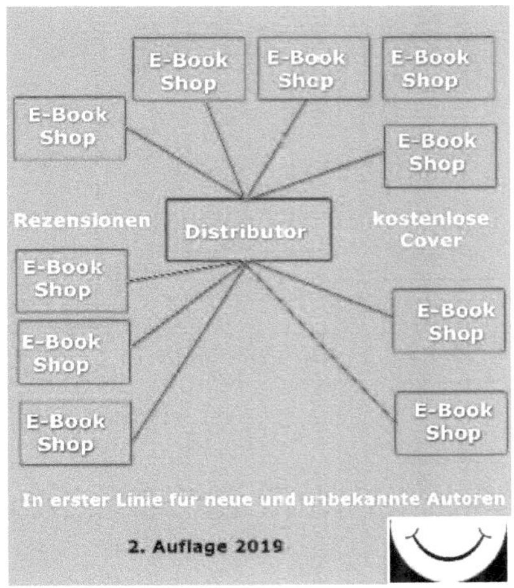

Jeder kann ein E-Book erstellen. Jeder kann ohne Programmierkenntnisse mit Jutoh ein E-Book erstellen. Mit über 550 Abbildungen und praktischen Beispielen.

Zusammen mit diesem Buch eine Trilogie zum Thema „Schreiben".

Wer wissen möchte, wie man in Word Verzeichnisse erstellt, kann hier nachlesen:

http://www.itdoor.lu/fachartikel-zum-thema-word-fuer-eilige-leser/

Haftungsausschlüsse

Soweit das Buch Links zu Webseiten Dritter enthält, wird für deren Inhalt keine rechtliche Verantwortung übernommen. Diese liegt allein bei den Anbietern, bzw. den Betreibern der betreffenden Seiten. Hiermit distanziere ich mich ausdrücklich von eventuell rechtswidrigen Inhalten aller verlinkten Seiten und übernehme hierfür auch keinerlei Gewähr.

Für die fortlaufende Richtigkeit, Vollständigkeit, Aktualität, Qualität sowie die ständige Verfügbarkeit der Links zu den genannten Webseiten wird keinerlei Gewähr übernommen.

Für Preisangaben und andere Konditionen wird keine Haftung übernommen. Diese Informationen können jederzeit geändert werden.

Schäden, die durch die richtige oder falsche Bedienung von Word oder anderen Programmen entstehen, wird keine Haftung übernommen. Auch für andere Schäden, die durch Word oder andere Programme entstehen, wird keine Haftung übernommen.

Auch können sich Programme im Laufe der Zeit verändern oder sogar verschlechtern, auch dafür wird keine Haftung übernommen.

Für die in diesem Buch vorgeschlagenen Korrekturschritte wird auch keine Haftung übernommen. Vor der Ausführung eines Korrekturschrittes sollte immer eine Kopie des Textes erstellt werden, da es sich um Zweifelsfall um eine Massenänderung handelt.

Für die Qualität der Bilder bzw. Abbildungen im Buch wird auch keine Haftung übernommen. In der dem Buch zu Grunde liegenden PDF-Datei sahen die Bilder in Ordnung aus.

It-Door SARL übernimmt keine Gewähr für die Aktualität, Korrektheit, Vollständigkeit oder Qualität der bereitgestellten Informationen. Haftungsansprüche gegen It-Door SARL, welche sich auf Schäden materieller oder ideeller Art beziehen, die durch die Nutzung oder Nichtnutzung der dargebotenen Informationen bzw. durch die Nutzung fehlerhafter und unvollständiger Informationen verursacht wurden, sind grundsätzlich ausgeschlossen.

Impressum und Copyright

Bibliografische Information der Deutschen Nationalbibliothek:

Die Deutsche Nationalbibliothek verzeichnet diese Publikation in der Deutschen Nationalbibliografie; detaillierte bibliografische Daten sind im Internet über http://dnb.dnb.de abrufbar.

Herstellung und Verlag: BoD – Books on Demand, Norderstedt

ISBN: 978-3-7494-5427-3